Impressum

Titel:	Sachbuch-Kartei **Willis wills wissen: So lebten die Ritter auf der Burg** Lesen trainieren – Sachwissen erwerben
Autorin:	Katarina Raker
Titelbild:	unter Verwendung des Buchcovers *Willi wills wissen: So lebten die Ritter auf der Burg* Baumhaus Verlag GmbH, Frankfurt am Main 2008.
Illustrationen:	Andreas Krapf u.a.
Druck:	Druckerei Uwe Nolte, Iserlohn
Verlag:	Verlag an der Ruhr Alexanderstraße 54 – 45472 Mülheim an der Ruhr Postfach 10 22 51 – 45422 Mülheim an der Ruhr Tel.: 0208/439 54 50 – Fax: 0208/439 54 239 E-Mail: info@verlagruhr.de www.verlagruhr.de

© **Verlag an der Ruhr 2009**
ISBN 978-3-8346-0486-6

Die Schreibweise der Texte folgt der neuesten Fassung
der Rechtschreibregeln – gültig seit August 2006.

geeignet für die Klasse: 3 4

Gedruckt auf chlorfrei gebleichtes Papier.

Wir sind seit 2008 ein ÖKOPROFIT®-Betrieb und setzen uns
damit aktiv für den Umweltschutz ein. Das ÖKOPROFIT®-Projekt
unterstützt Betriebe dabei, die Umwelt durch nachhaltiges
Wirtschaften zu entlasten.

Alle Vervielfältigungsrechte außerhalb der durch die Gesetzgebung
eng gesteckten Grenzen (z.B. für das Fotokopieren) liegen beim
Verlag. Der Verlag untersagt ausdrücklich das Speichern und
Zur-Verfügung-Stellen dieses Buches oder einzelner Teile davon
im Intranet, Internet oder sonstigen elektronischen Medien.
Kein Verleih.

Diese Sachbuch-Kartei bezieht sich auf:
So lebten die Ritter auf der Burg
Uwe Kauss, Jörg Nellen
Ein Willi-Buch über Burgen, das Mittelalter und das Rittertum.
Willi wills wissen, Bd. 21, 45 S. m. zahlr. farb. Abb., 28 cm, ab 6 J.,
Baumhaus Verlag GmbH, Frankfurt am Main 2008.
ISBN 978-3-8339-2721-8

Inhalt

Vorwort 6
Arbeits-Pass 9
Die geförderten Lesekompetenzen 10/11

	Seiten im Willi-Sachbuch	Seiten in diesen Materialien
Eisenharte Krieger!	6/7	12/13
Reicher Lohn für treue Dienste	8/9	14/15
Knappen dienten brav	10/11	16/17
Mit einem Schlag zum Ritter!	12/13	18/19
Scharf wie ein Messer	14/15	20/21
Tausende Schlingen	16/17	22/23
35 Kilo volle Ritterrüstung	18/19	24/25
Die Satteldecke heißt Schabracke	20/21	26/27
Perfekt gewappnet!	22/23	28/29
Prächtige Turniere	24/25	30/31
Ein Hauen und Stechen!	26/27	32/33
Auf in die Schlacht!	28/29	34/35
Grausame Ritter auf Kreuzzug	30/31	36/37
Im Schutz von Zinnen und Türmen	32/33	38/39
Burgenbau war Schwerstarbeit	34/35	40/41
Angriff und Verteidigung	36/37	42/43
Bei Ritters zu Hause	38/39	44/45
Minnesang und Tanzvergnügen	40/41	46/47
Das Ende der Ritterzeit!	42/43	48/49
Ausflug ins Mittelalter!	44/45	50

Leben im Mittelalter – auch etwas für mich? 51
Wissensquiz 52/53
Mein Experten-Wörterbuch 54/55
Zeig, was du weißt! 56/57
Zeilometer mit Lesetipps 58/59
Mein Inhaltsverzeichnis 60
Lesestrategie-Kartei 61
Ein Brief an Willi 62
Lösungen 63/64
Literatur- und Internettipps 65

Vorwort

Liebe Leser[1],
die Förderung der Lesekompetenz ist eine der zentralen Aufgaben des Deutschunterrichts. Seit den umfassenden internationalen Vergleichsstudien wissen wir, dass deutsche Schüler bestenfalls im Mittelfeld liegen, wenn es darum geht, **kompetent mit Texten und Medien zu handeln**. Dabei ist ein sicherer Umgang mit Texten und Medien eine zentrale Voraussetzung für erfolgreiches Lernen in allen Fächern. Insbesondere das gezielte Auffinden, Verarbeiten und Bewerten von Informationen sind Schlüsselkompetenzen, die man sein ganzes Leben lang benötigt.

Eine Tendenz der Unterrichtspraxis ist, dass den Schülern mehr Autonomie für ihr Lernen zugestanden wird. Ebenso wird der Unterricht sowohl methodisch als auch inhaltlich geöffnet und die Differenzierung stärker in die Eigenverantwortung der Schüler gegeben. Diese an sich sehr positive Entwicklung erfordert allerdings ein intensives Methoden-Training im Unterricht. „Lernen lernen" ist in diesem Zusammenhang ein viel zitiertes Schlagwort. Denn wenn sich die Kinder in Zukunft selbstständig Wissen aneignen sollen, brauchen Sie die entsprechenden Werkzeuge an die Hand. Nun gibt es zwar durchaus Lehrbücher und Unterrichtsmaterialien auf dem Markt, die gezielt Lesekompetenzen trainieren, allerdings haben diese fast ausschließlich einen reinen Übungs-Charakter, losgelöst von thematischen Zusammenhängen. Aktuelle Lerntheorien gehen allerdings davon aus, dass Lernen erfolgreicher ist, wenn **Themen für die Kinder persönlich bedeutsam** und ansprechend sind und die Tätigkeiten der Kinder in **inhaltlichen Zusammenhängen** stehen. Der Wissens- und Kompetenzerwerb findet in diesen Materialien daher integrativ statt.

Mit dieser Sachbuch-Kartei haben Sie damit auch die neuartige Möglichkeit, **Sachliteratur als Ganzschrift im Unterricht** einzusetzen. Gerade Jungen lassen sich durch Sachbücher viel häufiger zum Lesen verlocken – und wieso sollte die Klassenlektüre nicht einmal ein gemeinsames oder ein individuell ausgewähltes Sachbuch sein?

Ausgangsbuch dieser Sachbuch-Kartei ist das **Kinder-Sachbuch** *Willi wills wissen – So lebten die Ritter auf der Burg*. Der recht anspruchsvolle Sachinhalt dieses Buches wird in dieser Sachbuch-Kartei kindgerecht aufbereitet, sodass die Schüler ihr Sachwissen zum Thema Mittelalter kindgemäß vertiefen können. Gleichzeitig werden systematisch Lese- und Schreibkompetenzen gefördert, die in den Lehrplänen und Bildungsstandards als Kompetenzbereiche formuliert sind (vgl. hierzu auch die Tabelle von S. 10/11). Durch die inhaltliche Einbettung in ein geschichtliches Thema, das der Fernsehstar Willi Weitzel humorvoll und spannend präsentiert, wird die Lesemotivation der Kinder gestärkt.

Zum Umgang mit dieser Sachbuch-Kartei

Sie brauchen ca. 10 Exemplare des Sachbuchs für den Unterricht. Die Kartei ist so aufgebaut, dass Sie zu jeder **Doppelseite** des Sachbuchs *Willi wills wissen* **ein leichteres und ein schwereres Arbeitsblatt** einsetzen können.[2] Dabei entscheiden Sie oder die Kinder selbst über die Auswahl. Auf den **leichteren Seiten** (Symbol Adler) sollen die Schüler hauptsächlich explizit angegebene Informationen im Text finden, nachvollziehen können und in Beziehung zueinander setzen. Die Methoden dazu sind vor allem:
- markieren,
- Textstellen angeben,
- Zeichnungen beschriften,
- einfache Fragen beantworten,
- Multiple-Choice-Aufgaben lösen,
- zentrale Textstellen erfassen und zusammenfassend wiedergeben sowie
- einfache Schlussfolgerungen ziehen.

---

[1] Aus Gründen der besseren Lesbarkeit haben wir in diesem Buch durchgehend die männliche Form verwendet. Natürlich sind damit auch immer Frauen und Mädchen gemeint, also Lehrerinnen, Schülerinnen etc.

[2] Die Arbeitsblätter sind durchweg Kopiervorlagen, die Sie für die ganze Klasse vervielfältigen dürfen.

Vorwort

Auf den **schwereren Seiten** (Symbol Löwe) sind stärker eigenaktive Tätigkeiten gefragt, die Weltwissen und Transferleistungen erfordern. Hierbei sollen die Kinder z.B.:

- Texte in eigenen Worten erklären,
- Informationen bewerten,
- Informationen auf andere Situationen übertragen,
- ihre Meinungen begründen,
- über Inhalte und Strukturen reflektieren und
- eigene Texte auf Basis des Gelernten verfassen.

Bei manchen Seiten (z.B. 12/13, 30/31) ist ausschließlich eine **qualitative Differenzierung** sinnvoll: Die leistungsschwächeren Schüler bearbeiten die leichtere Seite, die stärkeren die schwerere. Bei anderen Seiten (z.B. S. 32/33, 34/35) bietet sich zusätzlich eine **quantitative Differenzierung** an. Hier können alle Schüler mit dem leichteren Arbeitsblatt beginnen, und diejenigen, die bereits schnell fertig sind, bearbeiten anschließend das schwerere.

⊙ Die Lesekompetenzen

Die hier zu Grunde gelegten Lese- und Schreibkompetenzen orientieren sich an den **einheitlichen Bildungsstandards.** Bei der Bearbeitung der vorliegenden Unterrichtsmaterialien werden alle dort aufgeführten Lese- und Schreibkompetenzen gefördert. Die meisten Angebote enthalten dabei **mehrere Lernziele.** Neben implizit „mitgeförderten" Kompetenzen legen die einzelnen Aufgaben Schwerpunkte auf ein oder zwei Lernziele. Dabei stehen mal inhaltliche Aufgaben im Vordergrund, mal aber auch die jeweilige Lesestrategie – sodass die Vermittlung von Inhalten zum Thema des Sachbuches sowie das Methodenlernen in einem ausgewogenen Verhältnis zueinander stehen. Auf den Seiten 10/11 finden Sie eine Übersicht mit den Lernzielen bzw. Kompetenzbereichen für jedes Arbeitsblatt.

⊙ Zum Arbeits-Pass

Mit dem Arbeits-Pass (S. 9) haben Sie und die Kinder den Stand der Bearbeitung stets im Blick. In die beiden linken Spalten tragen die Kinder (oder ggf. auch Sie) den Namen des Arbeitsblattes und den Schwierigkeitsgrad ein. Tragen Sie nach Fertigstellung des Arbeitsblattes in die rechte Spalte ein, was Ihnen bei der Bearbeitung des jeweiligen Arbeitsblattes aufgefallen ist: Hat das Kind diese Aufgabe schnell und sorgfältig bearbeitet? Sollte das Kind einen bestimmten Aufgabentyp noch einmal gezielt üben? Den Arbeits-Pass heften die Kinder zu ihren Materialien.

⊙ Zur Aufbewahrung der Materialien

Es bietet sich an, dass die Kinder eine eigene **Mappe** für ihre Ritter-Materialien anlegen, die sie durch weitere Materialien aus dem Sachunterricht ergänzen können. Schön ist es, wenn die Kinder im Anschluss oder zu Beginn der Themeneinheit selbst eine Mappe gestalten, indem sie z.B. ein DIN-A3-Tonkarton-Blatt falten, einen Heftstreifen einkleben und die Mappe mit mittelalterlichen Motiven bemalen oder bekleben. Diese Mappe erhöht die Wertschätzung für die Leistungen der Kinder, und sie kann anschließend auch im **Portfolio** verwahrt werden, um ihre Lernentwicklung sichtbar zu machen.

⊙ Zu den Willi-Smileys auf jedem Arbeitsblatt

Jedes Arbeitsblatt enthält eine Zeile mit Smileys. Hier haben die Kinder die Möglichkeit, ihre Arbeit zu reflektieren und vor allem auch anzugeben, wie sie die Schwierigkeit des Arbeitsblattes für sich ganz persönlich einschätzen.

Auch Sie erhalten mit dieser Reflexion Hinweise auf mögliche Schwierigkeiten.

⊙ Textstellen finden/Arbeiten mit dem Zeilometer

Auf einigen Arbeitsblättern sind drei Kästchen, in die die Kinder eintragen sollen, auf welcher Seite, Spalte und Zeile eine bestimmte Information zu finden ist. Diese Aufgabe ist nicht mehr explizit als Aufgabenstellung formuliert.

Erläutern Sie daher im Vorfeld, was es mit diesen Kästchen auf sich hat und was genau die Kinder tun sollen: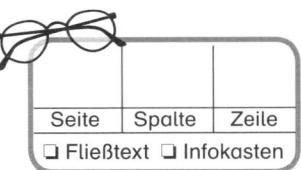

Vorwort

Die Kinder tragen Seite, Spalte und Zeile ein und kreuzen an, ob die Information im Fließtext oder in einem der Infokästen zu finden ist. Um die Informationen zu bekommen, benutzen die Kinder ihr Zeilometer (S. 59). Eine Seite ist für den Haupttext vorgesehen, und eine Seite kann an die Textblöcke angelegt werden. Den Umgang mit dem Zeilometer sollten Sie mit den Kindern kurz gemeinsam besprechen und üben. Stellen Sie auch sicher, dass die Kinder vor allem Spalte und Zeile nicht verwechseln und dass sie die Unterscheidung zwischen Fließtext und Infokasten kennen. Die Infokästen haben keine Spalten. Hier lassen die Kinder das Feld „Spalte" frei.

⊙ Zum Wissensquiz

Die Seiten 52/53 bieten Ihnen und den Kindern die Möglichkeit, ein Wissenquiz zu dem Willi-Buch zu veranstalten. Dazu finden Sie zwei Seiten mit insgesamt 16 Fragekärtchen. Lassen Sie die Kinder die Kärtchen ausschneiden und in Form eines Frage-Antwort-Spiels nutzen. Zusätzlich können die Kinder das Quiz durch weitere, **individuelle Fragestellungen** ergänzen. Entweder nehmen sie dann Fragen und Antworten, die ihnen im Laufe ihrer Arbeit begegnet sind, oder sie informieren sich noch weiter: Was kannst du noch zum Thema herausfinden? Zu welchem Teilthema möchtest du noch mehr herausbekommen? Welches Thema möchtest du noch einmal gezielt vertiefen, weil es schwierig zu verstehen war? Anschließend können Sie Expertengruppen bilden, die sich selbstständig auf die Suche nach Antworten machen, z.B. in der Bibliothek, im Internet oder durch „Expertenbefragungen". Auf diese Weise entsteht eine individuelle, klassenbezogene Themenkartei.

Obwohl das Abfragen von deklarativem Wissen nicht das vorherrschende Ziel der Arbeit mit dieser Kartei ist, können Sie diese 16 Fragen natürlich auch als Basis einer Lernzielkontrolle verwenden.

⊙ Zu den Sozialformen

Die meisten Aufgaben lösen die Kinder in Einzelarbeit. Es gibt aber auch Aufgaben, für die sich Partnerarbeit ●● oder die Arbeit in Kleingruppen ●●● anbietet. Dies ist dann jeweils auf der Seite gekennzeichnet.

⊙ Zu den Präsentationsformen von Sachthemen

Mit den Arbeitsblättern „Zeig, was du weißt!" (S. 56/57) können Sie den Kindern aufzeigen, welche Möglichkeiten der Wissenspräsentation es gibt. Die Kinder lernen dabei den Ausstellungstisch, die Wandzeitung oder den Dokumentarfilm bzw. das Klassenfernsehen kennen. Es bleibt Ihnen überlassen, ob die Arbeitsgruppen jeweils alle Teilthemen aus dem Sachbuch vorstellen oder ob sich jede Gruppe auf ein anderes Teilgebiet „spezialisiert". Die Arbeitsblätter „Zeig, was du weißt!" sind als Abschluss der Unterrichtseinheit gedacht und stellen einen relativ hohen Arbeitsaufwand für alle Beteiligten dar. Veranschlagen Sie ruhig drei bis vier Unterrichtsstunden für die Planung, die Durchführung und die abschließende Präsentation.

Tipp:
Wenn Sie mehr zum Thema Präsentation, ihre Einführung und Planung wissen wollen, siehe auch S. Cech-Wenning: Methoden-Schule. So präsentiere ich meine Arbeitsergebnisse. Verlag an der Ruhr, 2005. Hier finden Sie hilfreiche Tipps, einführende Arbeitsblätter und Anregungen zur Umsetzung von Wissenspräsentationen.

⊙ Zu den Lösungen

Am Ende dieser Kartei (S. 63/64) finden Sie alle Lösungen, die aus Wörtern, Sätzen oder Zeilenangaben bestehen, knapp zusammengefasst. Wenn die Kinder ihre Arbeitsblätter selbst kontrollieren sollen, tragen Sie die Lösungen einfach auf eine Kopie des jeweiligen Arbeitsblattes ein, und hängen Sie es z.B. hinter die Tafel, sodass die Kinder bei Bedarf dort nachschauen können.

Und nun wünsche ich Ihnen viel Erfolg bei der Leseförderung mit Willi und jederzeit lesefreudige Kinder!

Katarina Raker

> Zum Angebot *Mein Inhaltsverzeichnis* (S. 60) finden Sie einen kostenlosen Download auf unserer Internetseite.
> Suchbegriff: **60486**

Arbeits-Pass von:

_____

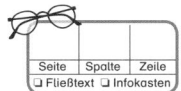 Für diese Aufgaben brauchst du dein Zeilometer.

● ● Für diese Aufgaben brauchst du einen Partner.

● ● ● Diese Aufgaben löst ihr am besten in der Gruppe, zu dritt oder zu viert.

 Am Ende jeder Seite sollst du selbst einschätzen, wie du die Aufgaben fandest. Male den passenden Willi-Kopf an.

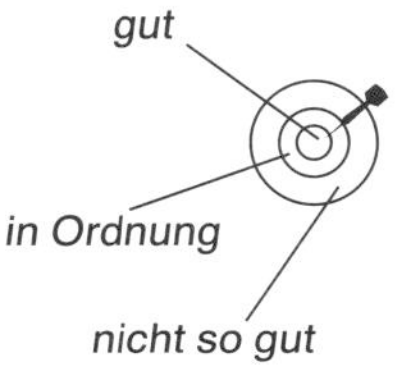

In der Zielscheibe kannst du angeben, wie dir die Seite in deinem Willi-Buch gefallen hat. Male den passenden Ring an.

Schwierigkeit		Arbeitsblatt	Bemerkungen
🦅	🦁		
🦅	🦁		
🦅	🦁		
🦅	🦁		
🦅	🦁		
🦅	🦁		
🦅	🦁		
🦅	🦁		
🦅	🦁		
🦅	🦁		
🦅	🦁		
🦅	🦁		
🦅	🦁		
🦅	🦁		
🦅	🦁		
🦅	🦁		
🦅	🦁		
🦅	🦁		
🦅	🦁		
🦅	🦁		

Sachbuch-Kartei **Willi wills wissen: So lebten die Ritter auf der Burg**
© Verlag an der Ruhr | www.verlagruhr.de | ISBN 978-3-8346-0486-6

Die geförderten Lesekompetenzen

Die Kinder	Eisenharte Krieger! — leicht	Eisenharte Krieger! — schwer	Reicher Lohn für treue Dienste — leicht	Reicher Lohn für treue Dienste — schwer	Knappen dienten brav — leicht	Knappen dienten brav — schwer	Mit einem Schlag zum Ritter! — leicht	Mit einem Schlag zum Ritter! — schwer	Scharf wie ein Messer — leicht	Scharf wie ein Messer — schwer	Tausende Schlingen — leicht	Tausende Schlingen — schwer	35 Kilo volle Ritterrüstung — leicht	35 Kilo volle Ritterrüstung — schwer	Die Satteldecke heißt Schabracke… — leicht	Die Satteldecke heißt Schabracke… — schwer	Perfekt gewappnet!	Prächtige Turniere — leicht	Prächtige Turniere — schwer	Ein Hauen und Stechen! — leicht	Ein Hauen und Stechen! — schwer
1. verstehen schriftliche Arbeitsanweisungen und setzen sie um.	X	X	X	X	X	X	X	X	X	X	X	X	X	X	X	X	X	X	X	X	X
2. finden in Texten gezielt Informationen und können sie wiedergeben.	X	X	X	X	X	X	X	X	X	X	X	X	X	X	X	X	X	X	X	X	X
3. verstehen Erzähl-, Sach- und Gebrauchstexte (kontinuierliche Texte).	X	X	X	X	X	X	X	X	X	X	X	X	X	X	X	X	X	X	X	X	X
4. verstehen Tabellen und Diagramme (diskontinuierliche Texte).	X	X			X				X	X	X	X	X	X	X	X				X	
5. beschreiben die eigenen Leseerfahrungen.																	X			X	X
6. belegen Aussagen mit Seiten-, Spalten- und Zeilenangaben.	X	X	X	X					X		X									X	X	X
7. nutzen Strategien zur Orientierung in einem Text (Lesetechniken, wie Markieren, Gliedern, Überfliegen etc.).							X						X		X						X
8. erfassen zentrale Aussagen von Texten und geben sie zusammenfassend wieder.			X		X		X	X			X		X	X			X	X	X	X	X
9. wenden Verstehenshilfen an (Nachschlagen, Nachfragen).																		X	X		
10. formulieren eigene Gedanken, Vorstellungsbilder und/oder Schlussfolgerungen zu Texten.							X				X		X		X	X				X	X
11. formulieren Erwartungen zu einem Text.					X	X			X				X								
12. formulieren begründet eigene Meinungen und nehmen Stellung zu Gedanken, Handlungen und Personen.					X		X											X		X	X
13. übertragen Texte in andere Darstellungsformen (z.B. illustrieren, collagieren) und Textsorten.	X	X					X		X	X	X		X				X				
14. gestalten Texte sprechend und darstellend (auch auswendig).											X										
15. recherchieren in unterschiedlichen Medien und/oder ziehen zusätzliches Weltwissen heran.					X	X			X				X		X		X	X	X		
16. wählen Texte interessenbezogen aus und begründen ihre Entscheidung.															X						
17. finden Unterschiede und Gemeinsamkeiten von Texten.			X	X									X					X	X	X	
18. nutzen Medien zur Gestaltung eigener Medienbeiträge.													X								

Die geförderten Lesekompetenzen

Die Kinder ...	Auf in die Schlacht! – leicht	Auf in die Schlacht! – schwer	Grausame Ritter auf Kreuzzug – leicht	Grausame Ritter auf Kreuzzug – schwer	Im Schutz von Zinnen und Türmen – leicht	Im Schutz von Zinnen und Türmen – schwer	Burgenbau war Schwerstarbeit ... – leicht	Burgenbau war Schwerstarbeit ... – schwer	Angriff und Verteidigung – leicht	Angriff und Verteidigung – schwer	Bei Ritters zu Hause – leicht	Bei Ritters zu Hause – schwer	Minnesang und Tanzvergnügen – leicht	Minnesang und Tanzvergnügen – schwer	Das Ende der Ritterzeit! – leicht	Das Ende der Ritterzeit! – schwer	Ausflug ins Mittelalter!	Leben im Mittelalter – auch etwas für mich?	Wissensquiz	Mein Experten-Wörterbuch	Zeig, was du weißt!	Mein Inhaltsverzeichnis	Ein Brief an Willi
1. verstehen schriftliche Arbeitsanweisungen und setzen sie um.	X	X	X	X	X	X	X	X	X	X	X	X	X	X	X	X	X	X	X	X	X	X	X
2. finden in Texten gezielt Informationen und können sie wiedergeben.	X	X	X	X	X	X	X	X	X	X	X	X	X	X	X	X	X			X	X	X	
3. verstehen Erzähl-, Sach- und Gebrauchstexte (kontinuierliche Texte).	X	X	X	X	X	X	X	X	X	X	X	X	X	X	X	X	X			X	X	X	
4. verstehen Tabellen und Diagramme (diskontinuierliche Texte).				X	X	X									X	X	X	X			X	X	
5. beschreiben die eigenen Leseerfahrungen.								X															X
6. belegen Aussagen mit Seiten-, Spalten- und Zeilenangaben.	X																						
7. nutzen Strategien zur Orientierung in einem Text (Lesetechniken, wie Markieren, Gliedern, Überfliegen etc.).	X								X	X													
8. erfassen zentrale Aussagen von Texten und geben sie zusammenfassend wieder.	X		X	X	X						X		X	X	X	X	X	X		X	X		X
9. wenden Verstehenshilfen an (Nachschlagen, Nachfragen).			X																	X			
10. formulieren eigene Gedanken, Vorstellungsbilder und/oder Schlussfolgerungen zu Texten.			X					X															
11. formulieren Erwartungen zu einem Text.								X															
12. formulieren begründet eigene Meinungen und nehmen Stellung zu Gedanken, Handlungen und Personen.			X					X										X			X		X
13. übertragen Texte in andere Darstellungsformen (z.B. illustrieren, collagieren) und Textsorten.	X	X	X		X	X	X	X					X	X		X					X		
14. gestalten Texte sprechend und darstellend (auch auswendig).	X		X										X	X					X		X		
15. recherchieren in unterschiedlichen Medien und/oder ziehen zusätzliches Weltwissen heran.	X		X				X				X	X	X		X	X				X	X		
16. wählen Texte interessenbezogen aus und begründen ihre Entscheidung.								X												X	X		X
17. finden Unterschiede und Gemeinsamkeiten von Texten.																		X					
18. nutzen Medien zur Gestaltung eigener Medienbeiträge.	X															X					X		X

Sachbuch-Kartei **Willi wills wissen: So lebten die Ritter auf der Burg**

Eisenharte Krieger!

 Seiten 6/7

Die Ritterzeit dauerte etwa 700 Jahre lang. In dieser Zeit hat sich das Rittertum ganz schön verändert. Weißt du auch, wie?

1. **Lies die Seiten 6 und 7 in deinem Willi-Buch genau durch.**

2. **Schneide die unterschiedlichen Rittertypen und die richtigen Bezeichnungen unten aus, und klebe sie in der richtigen Reihenfolge auf den Zeitstrahl. Male sie an wie im Buch.**

3. **Der letzte Ritter hieß** _____.

    Er starb _____.

Seite	Spalte	Zeile
❏ Fließtext	❏ Infokasten	

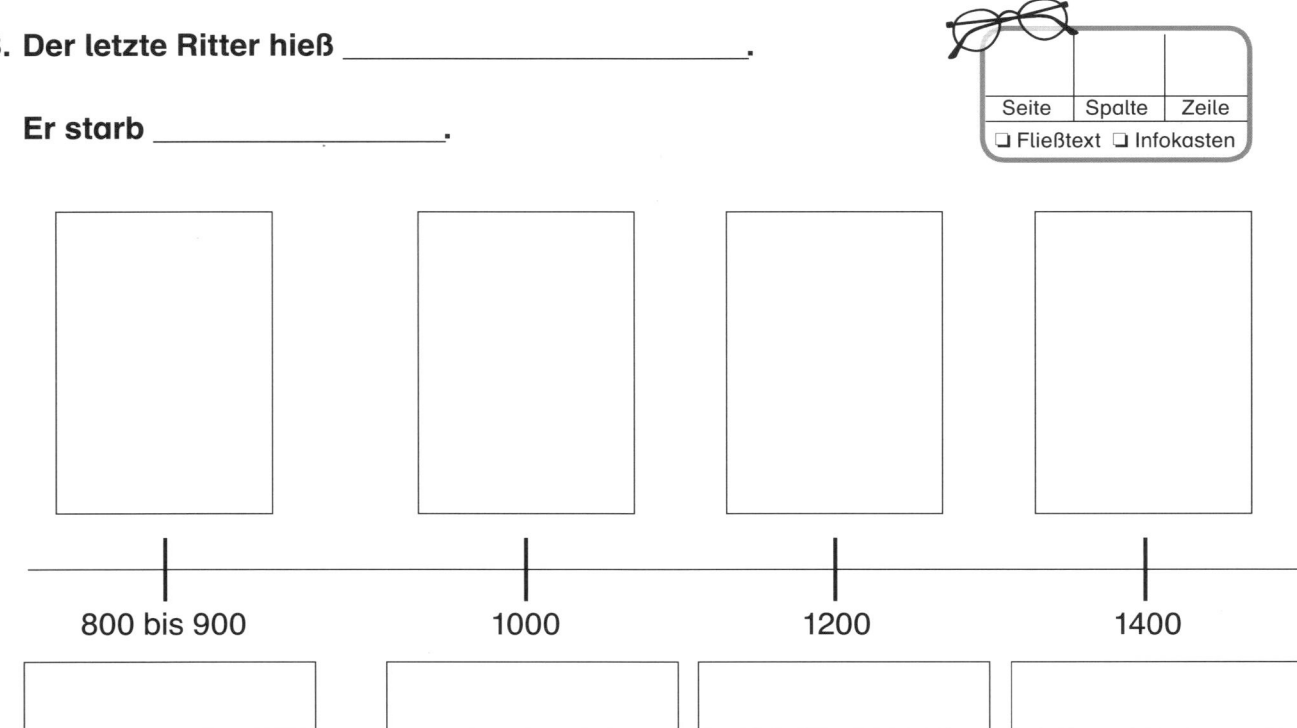

800 bis 900   1000   1200   1400

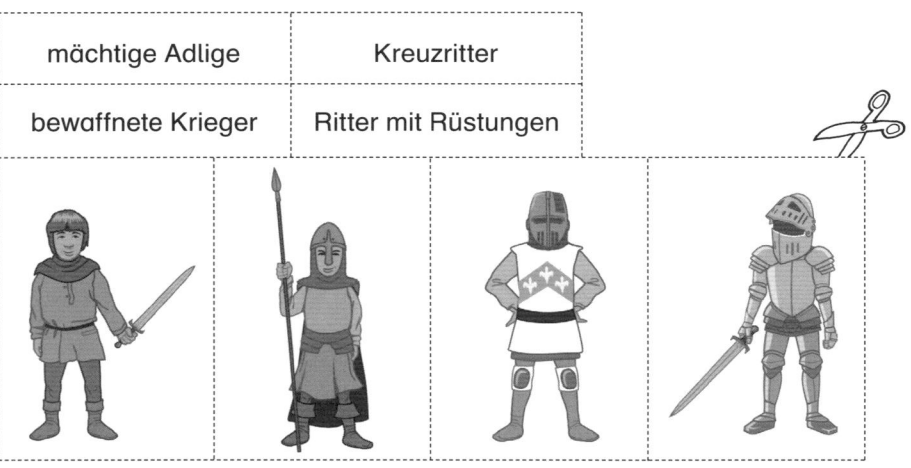

| mächtige Adlige | Kreuzritter |
| bewaffnete Krieger | Ritter mit Rüstungen |

So fand ich dieses Arbeitsblatt

Sachbuch-Kartei **Willi wills wissen: So lebten die Ritter auf der Burg**

© Verlag an der Ruhr | www.verlagruhr.de | ISBN 978-3-8346-0486-6

Eisenharte Krieger!

📖 Seiten 6/7

Die Ritterzeit dauerte etwa 700 Jahre lang. In dieser Zeit hat sich das Rittertum ganz schön verändert. Weißt du auch, wie?

1. **Lies die Seiten 6 und 7 in deinem Willi-Buch genau durch.**

2. **Schneide die unterschiedlichen Rittertypen aus. Klebe sie in der richtigen Reihenfolge auf den Zeitstrahl. Schreibe die richtigen Bezeichnungen und Jahreszahlen darunter.**

3. **Der letzte Ritter hieß** _____ .

   Er starb _____ .

Seite	Spalte	Zeile
❏ Fließtext ❏ Infokasten		

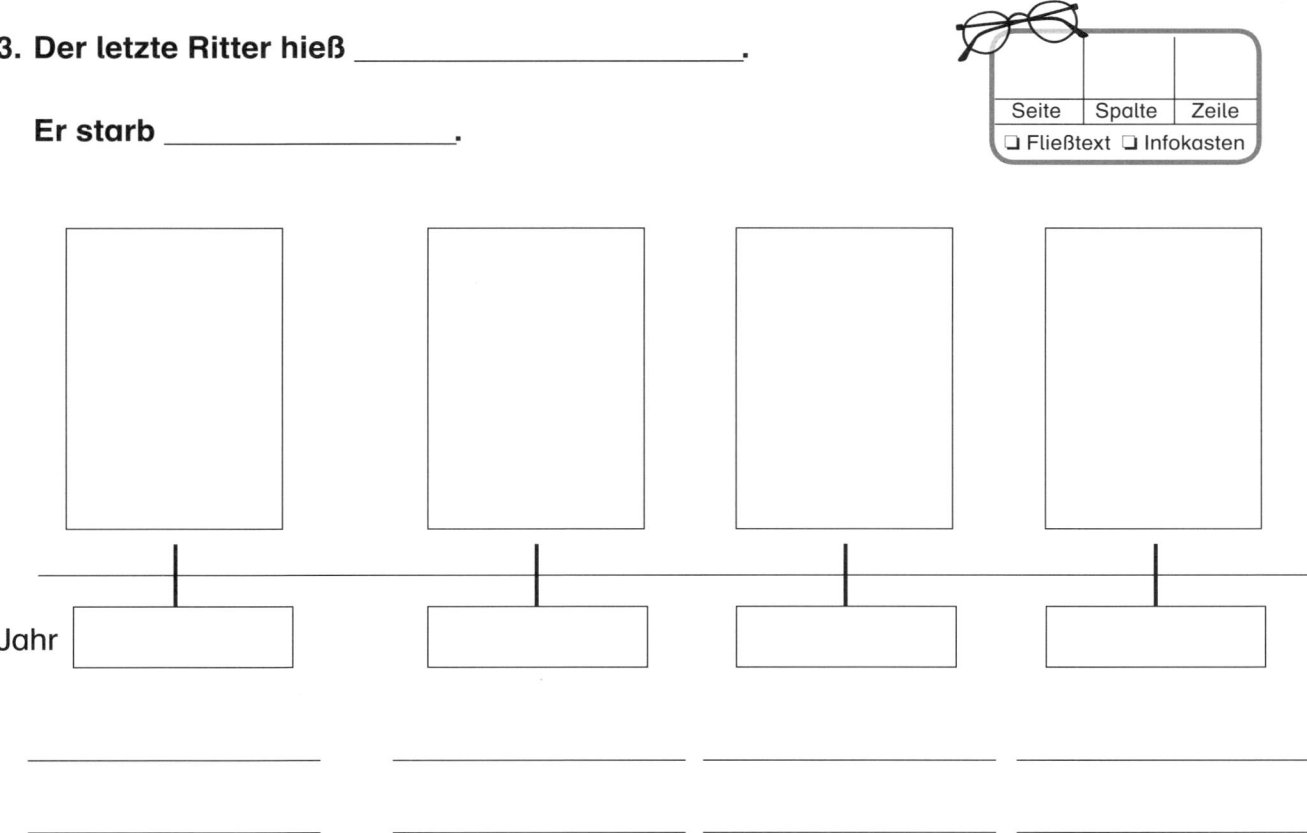

Jahr

So fand ich dieses Arbeitsblatt

 leicht   mittel    schwer

Reicher Lohn für treue Dienste

📖 Seiten 8/9

Im Mittelalter gab es verschiedene Stände. Das bedeutet, dass jeder eigene Rechte und Pflichten hatte. Nicht jeder konnte Ritter werden – und schon gar nicht König.

1. Lies dir die Seiten 8 und 9 in deinem Willi-Buch genau durch.

2. Unten siehst du verschiedene Aussagen. Kreise jeweils entsprechend farbig ein, welche Aussage auf welche Person zutrifft:

Ritter – blau   Fürst – rot   Knappe – grün

Bauer – gelb   König – violett

Ich bin der Herrscher über das ganze Volk.

Ich gehorche meinem Ritter. Eines Tages möchte ich selbst ein Ritter sein.

Ich gehorche nur dem König und kämpfe jederzeit auf seinen Befehl.

Ich brauche keine Steuern zu zahlen.

Ich bekomme von meinem Fürsten Ländereien, ein Lehen. Zu diesem Land gehören auch Dörfer.

Ich muss einen Teil meiner Ernte an meinen Fürst abgeben.

3. Wie nennt man Ritter-Fürsten noch?

_____

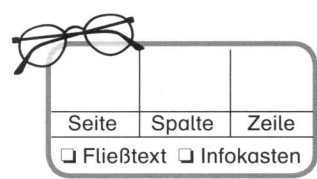

Seite	Spalte	Zeile
❑ Fließtext ❑ Infokasten		

So fand ich dieses Arbeitsblatt

14

 leicht   mittel    schwer

Sachbuch-Kartei **Willi wills wissen: So lebten die Ritter auf der Burg**
© Verlag an der Ruhr | www.verlagruhr.de | ISBN 978-3-8346-0486-6

Reicher Lohn für treue Dienste

📖 Seiten 8/9

Im Mittelalter gab es verschiedene Stände. Das bedeutet, dass jeder eigene Rechte und Pflichten hatte. Nicht jeder konnte Ritter werden – und schon gar nicht König.

1. Lies dir die Seiten 8 und 9 in deinem Willi-Buch genau durch.

2. Schreibe hinter jede der Personen wichtige Aussagen, die du im 0Willi-Buch zu ihnen findest.

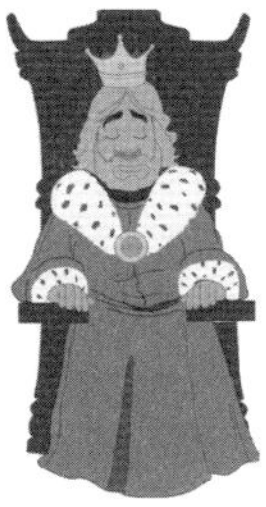

_____
_____
_____
_____

_____
_____
_____
_____

_____
_____
_____
_____

3. Wie nennt man Ritter-Fürsten noch?

_____

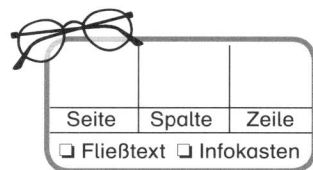

4. In der Krone auf den Seiten 8 und 9 sind nur die ritterlichen Stände aufgeführt, die so genannten Adligen. Es gab aber noch eine Gruppe Menschen darunter.

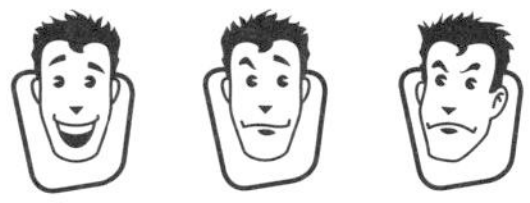

Welche? _____

Knappen dienten brav

📖 Seiten 10/11

Die Ausbildung zum Ritter dauerte mehrere Jahre und begann schon im Kindesalter.

1. Lies dir die Seiten 10 und 11 in deinem Willi-Buch genau durch.

2. In die folgenden Texte sind einige Fehler geraten. Streiche die falschen Wörter durch und schreibe die richtigen auf die Linien darüber.

3. Verbinde die Texte mit den richtigen Bildern.

☐ Bis zum 9. Lebensjahr durften die Kinder der Ritter spielen. Ihre Mutter passte auf sie auf.

☐ Danach begann ihre Ausbildung als Pagen. Ein Ritter brachte ihnen schwimmen, tanzen und Dame spielen bei.

☐ Mit 14 Jahren wurden sie Mönche. Sie lernten nun beten und schmieden, das bäuerliche Verhalten und den Umgang mit Heugabel und Spinnrad.

☐ Mit 24 Jahren konnten sie zum König ernannt werden.

So fand ich dieses Arbeitsblatt

So hat mir die Seite gefallen.

Sachbuch-Kartei **Willi wills wissen: So lebten die Ritter auf der Burg**
© Verlag an der Ruhr | www.verlagruhr.de | ISBN 978-3-8346-0486-6

Knappen dienten brav

Seiten 10/11

1. Lies dir die Seiten 10 und 11 in deinem Willi-Buch genau durch.

2. Schreibe mit eigenen Worten neben die Bilder, welche Stationen man auf dem Weg zum Ritter durchlaufen musste.

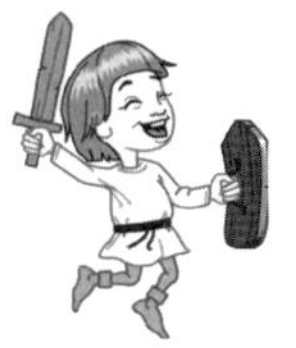

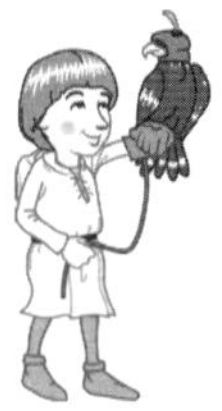

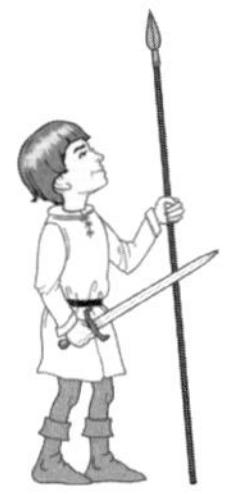

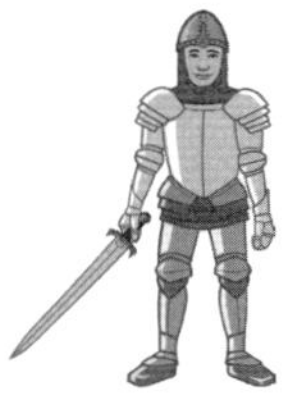

3. Die Informationen standen an unterschiedlichen Stellen im Text. Beschreibe, wo du sie gefunden hast.

4. Welche Stellen hast du leichter finden können? Warum?

So hat mir die Seite gefallen.

So fand ich dieses Arbeitsblatt

leicht   mittel   schwer

Mit einem Schlag zum Ritter!

📖 Seiten 12/13

1. **Schaue dir die Überschrift der Seiten 12 und 13 an.**
   Was glaubst du, um was es in diesem Text geht?

   _____

2. **Lies dir die Seiten 12 und 13 genau durch.**

3. **Im folgenden Text beschreibt der Ritter Kunibert seine Schwertleite.**
   a) Lies dir auch diesen Text genau durch.
   b) Was ist anders als in dem Text in deinem Willi-Buch? Markiere mit einem gelben Textmarker.
   c) Was ist genauso? Markiere mit einem roten Textmarker.

> Im Alter von 21 Jahren wurde ich zum Ritter geschlagen. Die Zeremonie dauerte zwei Tage. Am ersten Tag musste ich ein rituelles Bad nehmen. Das sollte mich von meinen Sünden reinwaschen. Dann legte ich meine Rüstung auf den Altar in der Burgkapelle. Dort betete ich die ganze Nacht. Gekleidet war ich in eine einfache Kutte.
> Am nächsten Morgen gingen wir zur Morgenmesse. Nun durfte ich edle Samtgewänder anziehen: ein rotes Gewand und schwarze Strümpfe. Ich schwor in einem Eid ewige Treue zu meinem König und zu meinem Herrn. Dann übergab mir mein Herr das Schwert, das Wahrzeichen des Rittertums. Geschlagen wurde ich übrigens nicht, das nennt man nur so. Mein Herr berührte nur mit der Schwertklinge leicht meine Schulter.

Als Mädchen hättest du im Mittelalter leider kein Ritter werden können. Trotzdem durften adlige Mädchen auch einiges lernen.

4. **Weißt du auch, was? Schaue in deinem Willi-Buch und in anderen Sachbüchern über Ritter nach.**

   Mädchen lernten:

   _____

   _____

So fand ich dieses Arbeitsblatt

leicht   mittel   schwer

Mit einem Schlag zum Ritter!

📖 Seiten 12/13

1. Schaue dir die Überschrift der Seiten 12 und 13 an.
   Was glaubst du, um was es in diesem Text geht?

   _____

2. Lies dir die Seiten 12 und 13 genau durch.

3. Stelle dir vor, du bist Ritter Arnulf und hattest gerade deine Schwertleite. Schreibe einen Brief über dieses Fest an deinen Vetter Karl.

   _____
   _____
   _____
   _____
   _____
   _____
   _____

Als Mädchen hättest du im Mittelalter kein Ritter werden können.
Trotzdem durften adlige Mädchen auch einiges lernen.

4. Weißt du auch, was? Schaue in deinem Willi-Buch und in anderen Sachbüchern über Ritter nach.

   _____
   _____

5. Wärst du im Mittelalter lieber ein Mädchen oder ein Junge gewesen? Begründe in deinem Heft oder auf einem Blatt.

So fand ich dieses Arbeitsblatt

 leicht  mittel  schwer

Scharf wie ein Messer

 Seiten 14/15

Für Ritter waren Waffen besonders wichtig, um sich verteidigen zu können. Schon ganz früh lernten sie den Umgang mit verschiedenen Waffen und übten regelmäßig auf Turnieren.

1. **Lies dir die Seiten 14 und 15 in deinem Willi-Buch genau durch.**

2. **Löse das Kreuzworträtsel. Alle Informationen findest du in den Infokästen.**

   Achtung: Ä = AE

   1. eine besonders gefährliche Waffe
   2. ein Schwert, das mit beiden Händen geführt wurde
   3. die Standardwaffe der Ritter
   4. das Erkennungszeichen der Ritter
   5. mit den vielen Spitzen dieser Waffe konnte man den Gegner schwer verletzen
   6. wurden mit einer Armbrust verwendet

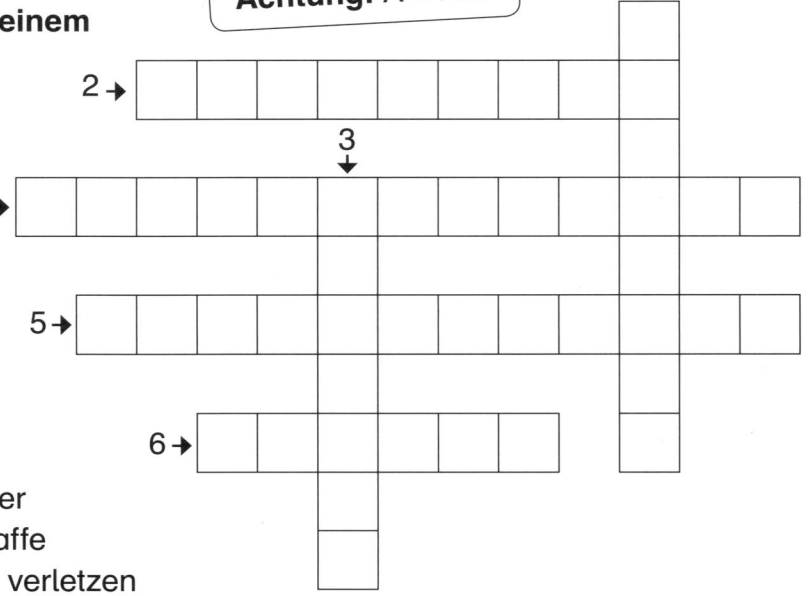

3. **Eine Waffe der Ritter fehlt in dem Rätsel.**

   → Welche? _____

   → Versuche selbst, diese Waffe zu zeichnen.

4. **Welches war die wichtigste Waffe der Ritter?**

   _____

5. **Womit schützten sich die Ritter im Kampf?**

   _____

Seite	Spalte	Zeile
❏ Fließtext ❏ Infokasten	

Seite	Spalte	Zeile
❏ Fließtext ❏ Infokasten	

So fand ich dieses Arbeitsblatt

So hat mir die Seite gefallen.

leicht   mittel   schwer

Sachbuch-Kartei **Willi wills wissen: So lebten die Ritter auf der Burg**
© Verlag an der Ruhr | www.verlagruhr.de | ISBN 978-3-8346-0486-6

Scharf wie ein Messer

Seiten 14/15

Für Ritter waren Waffen besonders wichtig, um sich verteidigen zu können. Schon ganz früh lernten sie den Umgang mit verschiedenen Waffen und übten regelmäßig auf Turnieren.

1. **Lies dir die Seiten 14 und 15 in deinem Ritterbuch genau durch.**

2. **Löse das Kreuzworträtsel. Die Informationen findest im Fließtext und in den Infokästen.**

   1. fliegend sehr gefährlich
   2. langes Schwert für beide Hände
   3. mehr als 500 Jahre die wichtigste Waffe der Ritter
   4. Waffe mit vielen Spitzen
   5. lange Waffe, hält den Feind auf Abstand (Mehrzahl)
   6. klein und unauffällig, letzter Ausweg der Verteidigung
   7. Waffe, die nach einem Tier benannt ist

   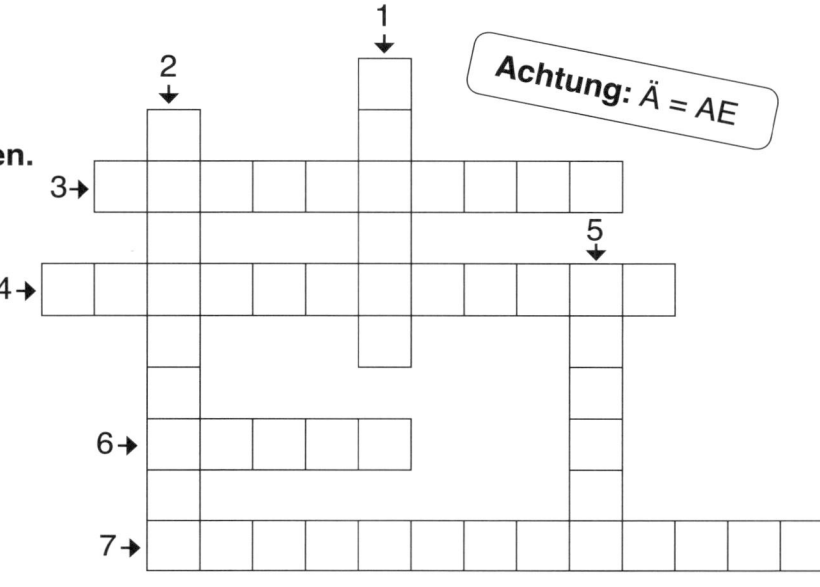

   Achtung: Ä = AE

3. **Eine wichtige Waffe der Ritter fehlt bei den Abbildungen.**

   a) Welche? _____

   b) Wie sah sie aus? Beschreibe. _____

   c) Was waren die Besonderheiten dieser Waffe? _____

   d) Kannst du selbst rechts eine zeichnen?
   Tipp: *Auf einigen Seiten im Willi-Buch siehst du diese Waffe abgebildet.*

So fand ich dieses Arbeitsblatt

leicht   mittel   schwer

Tausende Schlingen

📖 Seiten 16/17

1. Lies dir die Seiten 16 und 17 in deinem Willi-Buch genau durch.

Ein Helm war ein wichtiger Bestandteil der Rüstung. Schließlich schütze er den Kopf des Ritters! Die Helme haben sich im Laufe der Jahre stark weiterentwickelt.

2. Ein Bild, eine Jahreszahl und ein Name gehören jeweils zusammen. Umkreise mit der gleichen Farbe, was zusammengehört.

Nasalhelm

1200

Topfhelm

1500

1000 nach Christus

1400

Hundskugel

Sturmhaube

3. Setze die richtigen Wörter ein. Alle Informationen findest du im Fließtext.

Aus einem Kettenhemd entwickelte sich zunächst der _____

und daraus der _____ .

| Seite | Spalte | Zeile |

Unter dem Kettenwams trugen die Ritter ein _____ .

| Seite | Spalte | Zeile |

Die Handwerker, die Harnische herstellten, hießen _____ .

| Seite | Spalte | Zeile |

So fand ich dieses Arbeitsblatt

 leicht  mittel  schwer

Tausende Schlingen

Seiten 16/17

1. **Sieh dir die Überschrift auf den Seiten 16 und 17 in deinem Willi-Buch an. Was glaubst du, worum es auf dieser Seite geht?**

   _____

   _____

2. **Lies dir nun die Seiten genau durch.**

   a) Stimmte deine Vermutung? _____

   b) Findest du eine passendere Überschrift? _____

   Ein Helm war ein wichtiger Bestandteil der Rüstung. Schließlich schütze er den Kopf des Ritters! Die Helme haben sich im Laufe der Jahre stark weiterentwickelt.

3. **Zeichne 4 der Helme aus deinem Willi-Buch ab. Schreibe jeweils daneben, wie der Helm hieß und was die Besonderheit war.**
   Achtung: *Nicht immer steht das im Text!*

So sah der Helm aus:	So hieß der Helm:	Das waren die Besonderheiten:

So fand ich dieses Arbeitsblatt

leicht mittel schwer

35 Kilo volle Ritterrüstung

Seiten 18/19

1. **Lies dir die Seiten 18 und 19 in deinem Willi-Buch genau durch.**

   Stelle dir vor, du bist Ritter. Dein Bruder ist Knappe an einem anderen Hof und erhält bald seine erste Rüstung. Er bittet dich um deine Hilfe.

2. **Schreibe ihm in deinen eigenen Worten eine Anleitung, wie es geht.**
   Schreibe in der Befehlsform, etwa: „Ziehe das Unterkleid an."

3. **Wenn du möchtest, trage deinen Text deinen Mitschülern vor.**

Anleitung zum Anlegen einer Ritterrüstung

1. _____
2. _____
3. _____
4. _____
5. _____
6. _____
7. _____
8. _____
9. _____

leicht   mittel   schwer

So fand ich dieses Arbeitsblatt

35 Kilo volle Ritterrüstung

 Seiten 18/19

1. **Lies dir die Seiten 18 und 19 in deinem Willi-Buch genau durch.**

   Hier siehst du noch einmal den Teil des Textes abgedruckt, in dem Philipp erklärt, wie man eine Rüstung anlegt.

2. **Unterstreiche mit einem Textmarker alle Schritte in der richtigen Reihenfolge. Das erste Wort ist schon vorgegeben. Schreibe dann kleine Nummern dran.**

   „Ritter trugen unter den Rüstungen anstelle von Hosen Beinlinge"[1], erklärt er. „Die waren aus Wolle und sahen so ähnlich wie lange Unterhosen aus. Darüber kam das Unterkleid und auf den Kopf eine Filzmütze, damit der Helm nicht drückte." Jetzt kann ich zusehen, wie aus Philipp nach und nach ein echter Ritter wird. Das Anlegen des gesamten Harnischs dauert fast eine halbe Stunde. Mit den Beinschienen geht's los. Der Knappe bindet Dutzende Lederriemen, schließt ebenso viele Laschen und Schnallen, klinkt metallene Haken ein. „Man muss die Reihenfolge genau beachten, sonst sitzt alles schief", lacht Manuel. Kurz vor Schluss setzt er Philipp den Helm auf und befestigt ihn mit Lederriemen am Brust- und Rückenpanzer. „Wäre der Helm nicht so gut befestigt, könnte er beim Kampf vom Feind heruntergezogen werden oder im Getümmel herunterfallen. Das wäre das sichere Ende gewesen." Zuallerletzt bekommt der Ritter sein Schwert gereicht. Na dann: Auf in den Kampf!

3. **Vergleiche nun deine Schritte mit den nummerierten Texten neben den Bildern. Welche wichtigen Schritte sind im Text nicht genau beschrieben? Nenne sie in Stichworten.**

   _____

   _____

4. **Was meinst du: Warum wird das im Text ausgelassen?**

   _____

So fand ich dieses Arbeitsblatt

leicht   mittel   schwer

Die Satteldecke heißt Schabracke …

Seiten 20/21

1. **Lies die Überschrift auf den Seiten 20 und 21 im Willi-Buch.
   Was glaubst du, worum es auf dieser Doppelseite geht?**

   _____

   Wo du zu lesen beginnst, kannst du selbst entscheiden: Entweder du liest zuerst
   den Fließtext, also den Text, der in Spalten über beide Seiten geht. Oder du
   suchst dir einen interessanten Kasten aus.

2. **Schau dir die Seiten 20 und 21 in deinem Willi-Buch an.
   Was möchtest du zuerst lesen?**

   _____

3. **Lies dir nun nach und nach die ganze Seite durch, und trage ein:**

   Das fand ich interessant:

   _____

   Das hat mich gewundert:

   _____

4. **Betrachte nun die Fotos genau. Wann und wie, glaubst du,
   sind sie entstanden? Kreuze an.**
   - ☐ Die Fotos sind im Mittelalter bei Schlachten entstanden.
   - ☐ Die Fotos sind heute entstanden, die Leute spielen nur Ritter.
   - ☐ Die Fotos sind heute entstanden, in einem Land, in dem es
     noch Ritter gibt.

5. **Blättere jetzt einmal durch das ganze Willi-Buch. Manchmal
   findest du Bilder, die heute entstanden sind. Manche Bilder
   sind schon sehr alt. Nenne jeweils 3 Beispiele.**

   Ich denke, die Bilder auf diesen Seiten sind heute entstanden:

   _____

   Ich denke, die Bilder auf diesen Seiten sind schon alt: _____

Wann war dieser Ritter wohl unterwegs?

So fand ich dieses Arbeitsblatt

leicht mittel schwer

26 Sachbuch-Kartei **Willi wills wissen: So lebten die Ritter auf der Burg**

Die Satteldecke heißt Schabracke …

📖 Seiten 20/21

1. Lies dir die Seiten 20 und 21 in deinem Willi-Buch genau durch.
Hier siehst du noch einmal einen Teil des Textes abgedruckt.

Die Knappen halfen beim Anlegen der Ausrüstung und sie putzten auch Roststellen weg, reparierten kaputte Lederriemen, scheuerten die Panzerteile blank und schärften die Klingen der Waffen. Außerdem zogen die Knappen mit in die Schlacht und unterstützten den Ritter dort. Stürzte er zum Beispiel vom Pferd, so versuchten sie, ihn in Sicherheit zu bringen. Manchmal kämpften sie auch zu Fuß mit ihm.

2. Worum geht es in dem Text? Nenne 3 Schlüsselwörter, also wichtige Wörter.

_____

_____

_____

3. Markiere oben mit einem Textmarker alle Aufgaben der Knappen.

4. Beschreibe die wichtigsten Aufgaben der Knappen in eigenen Worten:

Ein Knappe _____

_____

_____

_____

5. Schaue dir noch einmal die Überschrift an. Findest du sie passend? Fällt dir eine bessere ein?

_____

_____

So fand ich dieses Arbeitsblatt

leicht mittel schwer

Perfekt gewappnet! 📖 Seiten 22/23

1. **Lies dir die Seiten 22 und 23 in deinem Willi-Buch genau durch.**

2. **Nun bist du an der Reihe! Gestalte dein eigenes Ritterwappen.**

   So geht's:
   → Teile das Wappen zunächst in Felder ein. Du kannst es halbieren oder vierteln.
   → Nun kannst du Figuren, Zeichen und Tiere hineinzeichnen, oder du schneidest sie von der Vorlage aus und klebst sie hinein.
   → Welche Farbe passt zu dir? Entscheide dich für eine, und male damit den Hintergrund aus.
   → Klebe dein Wappen auf feste Pappe, und schneide es aus.

   Übrigens: Nicht nur die Tiere hatten eine Bedeutung, auch die Auswahl der Farben für das Wappen war im Mittelalter ganz wichtig. Hier siehst du, was die Farben bedeuteten:

   Blau: Aufrichtigkeit und Treue
   Gold: Reichtum und Ansehen
   Rot: Stärke und Tapferkeit
   Schwarz: Standhaftigkeit und Trauer
   Grün: Freiheit und Fröhlichkeit
   Silber: Reinheit und Weisheit

3. **Für welche Farben und Tiere hast du dich entschieden? Begründe.**

   _____
   _____
   _____

4. **Warum gab es Wappen? Nenne mindestens einen Grund.**

   _____

5. **In deinem Willi-Buch siehst du einige Beispiele von heutigen Wappen. Fallen dir noch mehr ein?**

   _____
   _____

So fand ich dieses Arbeitsblatt

leicht mittel schwer

 So hat mir die Seite gefallen.

Perfekt gewappnet! 📖 Seiten 22/23

Wappen-Vorlage

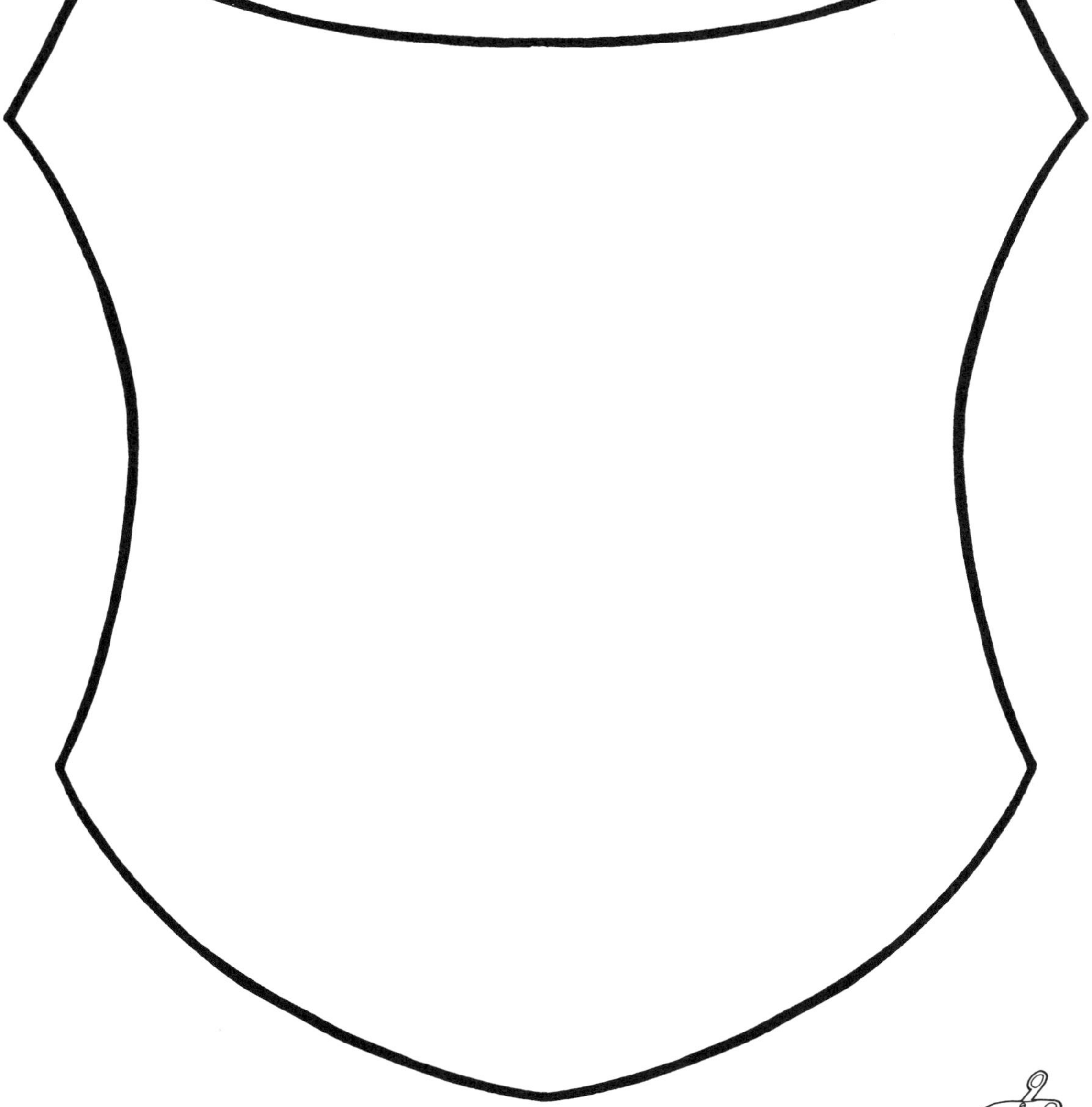

So fand ich dieses Arbeitsblatt

 leicht
 mittel
 schwer

Sachbuch-Kartei **Willi wills wissen: So lebten die Ritter auf der Burg**
© Verlag an der Ruhr | www.verlagruhr.de | ISBN 978-3-8346-0486-6

Prächtige Turniere

📖 Seiten 24/25

1. Lies dir die Seiten 24 und 25 im Willi-Buch genau durch.

2. In dem Text sind viele schwierige Wörter. Suche an einer oder mehreren Stellen nach einer Erläuterung. Kreuze in der Tabelle an, wo du eine gefunden hast. Schreibe sie dann hier auf.

Schwierige Wörter	Hier habe ich gesucht:			
	Lexikon	Internet	anderes Ritterbuch	Willi-Buch
Herold				
Fanfare				
Schwertleite				
Waffenrock				
Helmzier				

Erläuterung

Herold
_____
_____
_____

Fanfare
_____
_____
_____

Schwertleite
_____
_____
_____

Waffenrock
_____
_____
_____

Helmzier
_____
_____
_____

Wusstest du schon?

Auch heute noch veranstalten manche Mittelaltervereine einmal im Jahr ein großes Turnier. Dort kann man hinfahren und sich anschauen, wie die Ritter früher gekämpft haben. Das ist immer ein großes Spektakel! Gib einmal den Begriff *Ritterturnier* oder *mittelalterliches Spektakulum* in eine Suchmaschine im Internet ein. Dort bekommst du Informationen, wann und wo so etwas stattfindet.

leicht   mittel   schwer

So fand ich dieses Arbeitsblatt

Prächtige Turniere

📖 Seiten 24/25

1. Lies dir die Seiten 24 und 25 in deinem Willi-Buch genau durch.

2. In dem Text sind viele schwierige Wörter. Schreibe einige heraus. Suche an einer oder mehreren Stellen nach einer Erläuterung. Kreuze an, wo du eine gefunden hast. Trage sie in die Tabelle ein.

Schwierige Wörter	Hier habe ich gesucht:				Erläuterung
	Lexikon	Internet	anderes Ritterbuch	Willi-Buch	

Wusstest du schon?

Auch heute noch veranstalten manche Mittelaltervereine Turniere. Dort kann man sich anschauen, wie die Ritter früher gekämpft haben. Gib einmal den Begriff *Ritterturnier* oder *mittelalterliches Spektakulum* in eine Suchmaschine im Internet ein. Dort bekommst du Informationen, wann und wo so etwas stattfindet.

So fand ich dieses Arbeitsblatt

leicht   mittel   schwer

 # Ein Hauen und Stechen!

Seiten 26/27

1. Lies dir die Seiten 26 und 27 in deinem Willi-Buch genau durch.

2. Wie hat dir dieser Text gefallen? Begründe.

   _____

   _____

3. Fandest du den Text schwierig oder leicht? _____

4. Bei einem Ritterturnier gab es verschiedene Kampfspiele.
   Schreibe jeweils neben die Zeichnungen, wie das Spiel hieß.
   Erkläre mit eigenen Worten, wie es ging.

   _____

   _____

   _____

   _____

   _____

   _____

   _____

   _____

5. Den Höhepunkt eines Turniers nannte man

   _____

   | Seite | Spalte | Zeile |
   ❏ Fließtext ❏ Infokasten

6. Würdest du gerne an einem Tjost teilnehmen? Begründe.

   _____

   _____

So fand ich dieses Arbeitsblatt

leicht   mittel   schwer

Ein Hauen und Stechen!

📖 Seiten 26/27

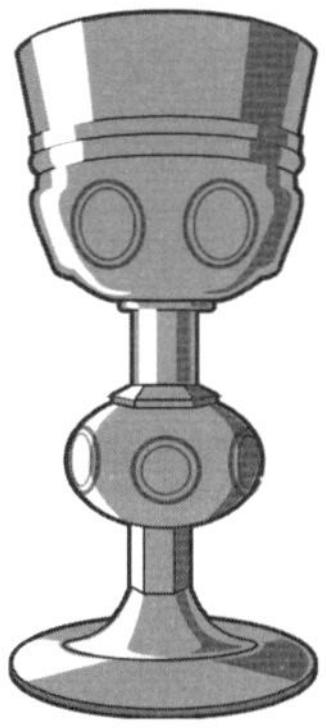

Ritter nahmen regelmäßig an Turnieren teil, um für einen ernsthaften Kampf zu trainieren. Das Turnier war dabei immer ein großes Fest.

1. Lies dir die Seiten 26 und 27 in deinem Willi-Buch genau durch.

Bestimmt hat dich die Sage um König Artus neugierig gemacht.
Von ihm gibt es viele Sagen, und jede wird ein bisschen anders erzählt.

2. Lies dir die Sage genau durch.

Es war einmal vor langer Zeit ein mächtiger und gerechter König namens Artus. Sein prächtiges Schloss trug den Namen Camelot, und dort versammelten sich die 12 edelsten und tapfersten Ritter des Landes. Man nannte sie: die Ritter der Tafelrunde. Sie waren für alle anderen Ritter ein Vorbild. König Artus beauftragte die Ritter der Tafelrunde, nach dem heiligen Gral zu suchen. Der heilige Gral ist der Kelch, in dem das Blut Christi aufgefangen wurde, als er am Kreuz starb. Er sollte unsterblich machen und seinem Besitzer viel Reichtum bringen.

Eines Tages erschien der Gral den Rittern als strahlende Vision am Tisch der Tafelrunde. Nun glaubten alle, dass es diesen Kelch wirklich gebe. Sie erklärten sich bereit, sich auf die Suche nach dem Gral zu begeben. Doch dies erwies sich als äußerst schwierig: Zusammen mit einer rätselhaften blutenden Lanze wurde der Gral in einer unzugänglichen Burg vom Gralskönig und den Gralsrittern bewacht. Viele Ritter fanden auf der Suche den Tod oder suchten ihr ganzes Leben lang, ohne ihn zu finden. Ob es je ein Ritter geschafft hat, das Geheimnis um den heiligen Gral zu enthüllen, ist ungewiss.

3. Unterstreiche die Stelle in der Sage oben, die auf dem Bild im Willi-Buch auf Seite 26 zu sehen ist.

4. Wie hat dir die Sage gefallen? Begründe. _____

_____

5. Was findest du interessanter: Geschichten und Sagen aus dem Mittelalter oder Sachtexte, wie sie in deinem Willi-Buch stehen? Begründe.

_____

_____

So fand ich dieses Arbeitsblatt

leicht   mittel   schwer

Auf in die Schlacht!
📖 Seiten 28/29

1. Lies dir die Seiten 28 und 29 in deinem Willi-Buch genau durch.

2. Wer gehörte alles zum Tross?

   _____

   _____

   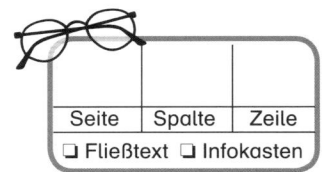

3. Wie sollte das Schlachtfeld beschaffen sein?

   _____

   _____

4. In dem Text erzählt Andreas, wie eine Schlacht ablief.
   Kannst du das auch?
   → Erstelle dir als Erstes einen „roten Faden". Schneide dazu die Schlüsselwörter unten aus, und klebe sie in der richtigen Reihenfolge auf den roten Faden. Diese Wörter helfen dir beim Erzählen.
   → Versuche nun, den Text nur mit Hilfe der Wörter zu erzählen.
   → Wenn du es einige Male geübt hast, suche dir einen Zuhörer, und trage ihm vor, wie eine Schlacht ablief.

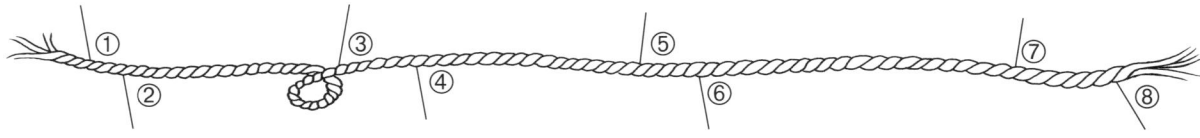

| Lösegeld | Führer | Ritt | Gottesdienst |
| Schlachtfeld | gespitzte Pfähle | Tross | Pfeilhagel |

leicht mittel schwer

So fand ich dieses Arbeitsblatt

Sachbuch-Kartei Willi wills wissen: So lebten die Ritter auf der Burg
© Verlag an der Ruhr | www.verlagruhr.de | ISBN 978-3-8346-0486-6

Auf in die Schlacht! 📖 Seiten 28/29

In deinem Willi-Buch beschreibt Andreas auf den Seiten 28 und 29, wie eine Schlacht ablief. Auf Seite 29 siehst du auch, wie die Menschen im Mittelalter in Bildern von der Schlacht berichtet haben. Kannst du einen eigenen Bildbericht von so einer Schlacht zeichnen?

1. **Lies dir die Seiten noch einmal ganz genau durch. Suche dir 2 der folgenden Szenen aus. Forsche im Internet oder in anderen Sachbüchern, ob du mehr dazu herausfindest. Zeichne die Szenen dann so genau wie möglich.**

Der Tross – Das Schlachtfeld – Der Gottesdienst – Der Pfeilhagel – Die Ritter reiten aufeinander zu

In dem Kasten unten links in deinem Willi-Buch ist von Richard Löwenherz die Rede. Wer war dieser berühmte Mann?

2. **Schaue einmal im Internet (zum Beispiel unter www.milkmoon.de) oder in einem Lexikon nach. Schreibe einen kurzen Bericht über ihn in dein Heft oder auf ein Blatt.**

So hat mir die Seite gefallen.

So fand ich dieses Arbeitsblatt

leicht   mittel   schwer

Sachbuch-Kartei **Willi wills wissen: So lebten die Ritter auf der Burg**

Grausame Ritter auf Kreuzzug

Seiten 30/31

1. Diese Aufgaben löst ihr am besten zu zweit. Lest euch die Seiten 30 und 31 in eurem Willi-Buch genau durch.

2. Im Fließtext unterhalten sich Willi und Andreas. Lest euch den Text mit verteilten Rollen laut vor.

3. Schreibt selbst ein kleines Interview zu einigen der Informationen in den Infokästen: Was könnte Willi fragen, und was antwortet Andreas? **Jeder schreibt auf sein Blatt.** Ein Beispiel ist bereits vorgegeben.

Willi: _Was machten die Mönchsgemeinschaften in Jerusalem?_

Andreas: _Sie lebten nach strengen Regeln, pflegten Kranke und kämpften gegen Feinde._

Willi: _____

Andreas: _____

Willi: _____

Andreas: _____

Willi: _____

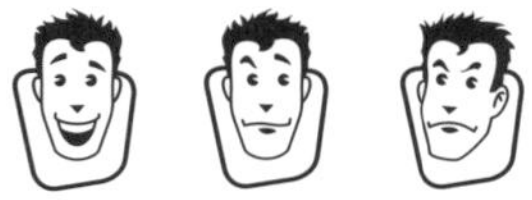

Andreas: _____

Willi: _____

Andreas: _____

4. Tragt das Interview euren Mitschülern oder eurem Lehrer vor.

Grausame Ritter auf Kreuzzug

 Seiten 30/31

1. Die Überschrift auf den Seiten 30 und 31 heißt „Grausame Ritter auf Kreuzzug". Findest du diese Überschrift passend? Begründe.

_____
_____

2. Warum waren die Kreuzzüge grausam?

_____
_____
_____

3. Stell dir vor, Papst Urban würde heute noch leben und dir viel Geld dafür anbieten, dass du auf einen Kreuzzug gehst. Was würdest du ihm antworten?

_____
_____
_____

Die Reise nach Jerusalem war sehr gefährlich und weit. In deinem Willi-Buch siehst du eine Karte, in die die Routen eingezeichnet sind.

4. Schlage in einem Atlas oder auf einer Europakarte nach:
   a) Nenne 3 heutige Länder, durch die die Ritter kamen, die von Köln aus losritten.

   _____

   b) Die Ritter, die in Paris starteten, mussten verschiedene Gebirge durchreiten. Nenne einige:

   _____

   c) Die Ritter, die durch Rom kamen, mussten von Italien aus ein Meer überqueren. Welches?

   _____

So fand ich dieses Arbeitsblatt

leicht   mittel   schwer

Im Schutz von Zinnen und Türmen

📖 Seiten 32/33

1. **Lies dir die Seiten 32 und 33 in deinem Willi-Buch genau durch.**

2. **Nun weißt du, welche wichtigen Gebäudeteile eine Burg hatte. Schneide die Begriffe unten aus, und klebe sie auf die passenden Linien.**

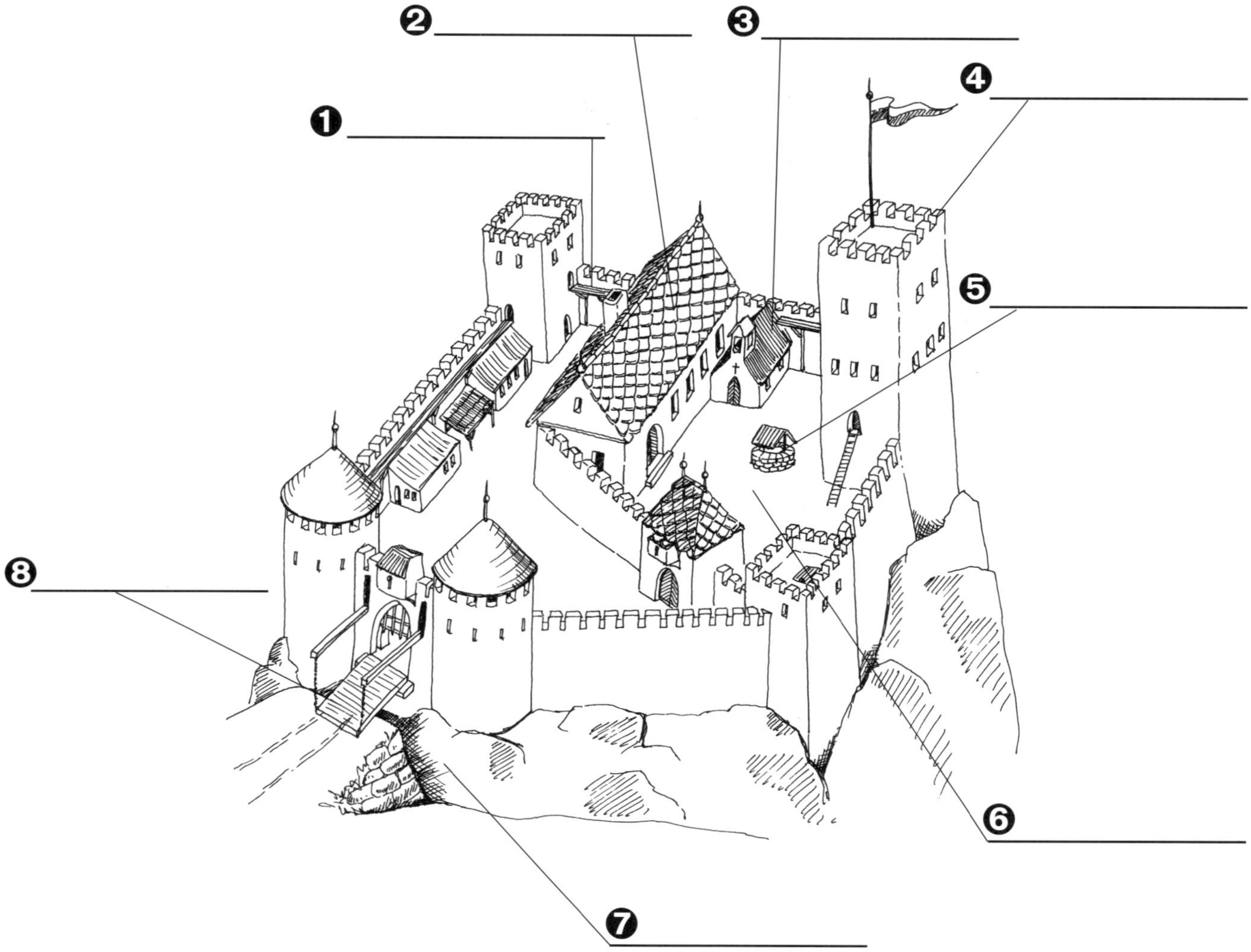

❶ _____ ❷ _____ ❸ _____ ❹ _____ ❺ _____ ❻ _____ ❼ _____ ❽ _____

| Innerer Burghof | Kapelle | Burgtor | Wehrgang |
| Palas | Burggraben | Brunnen | Bergfried |

So fand ich dieses Arbeitsblatt

38

 leicht  mittel  schwer

Sachbuch-Kartei Willi wills wissen: So lebten die Ritter auf der Burg

Im Schutz von Zinnen und Türmen

📖 Seiten 32/33

1. Lies dir die Seiten 32 und 33 in deinem Willi-Buch genau durch.

2. Nun weißt du, welche wichtigen Gebäudeteile eine Burg hatte. Schreibe die richtigen Bezeichnungen auf die Linien.

3. Schreibe in Stichworten darunter, wozu der Gebäudeteil diente.

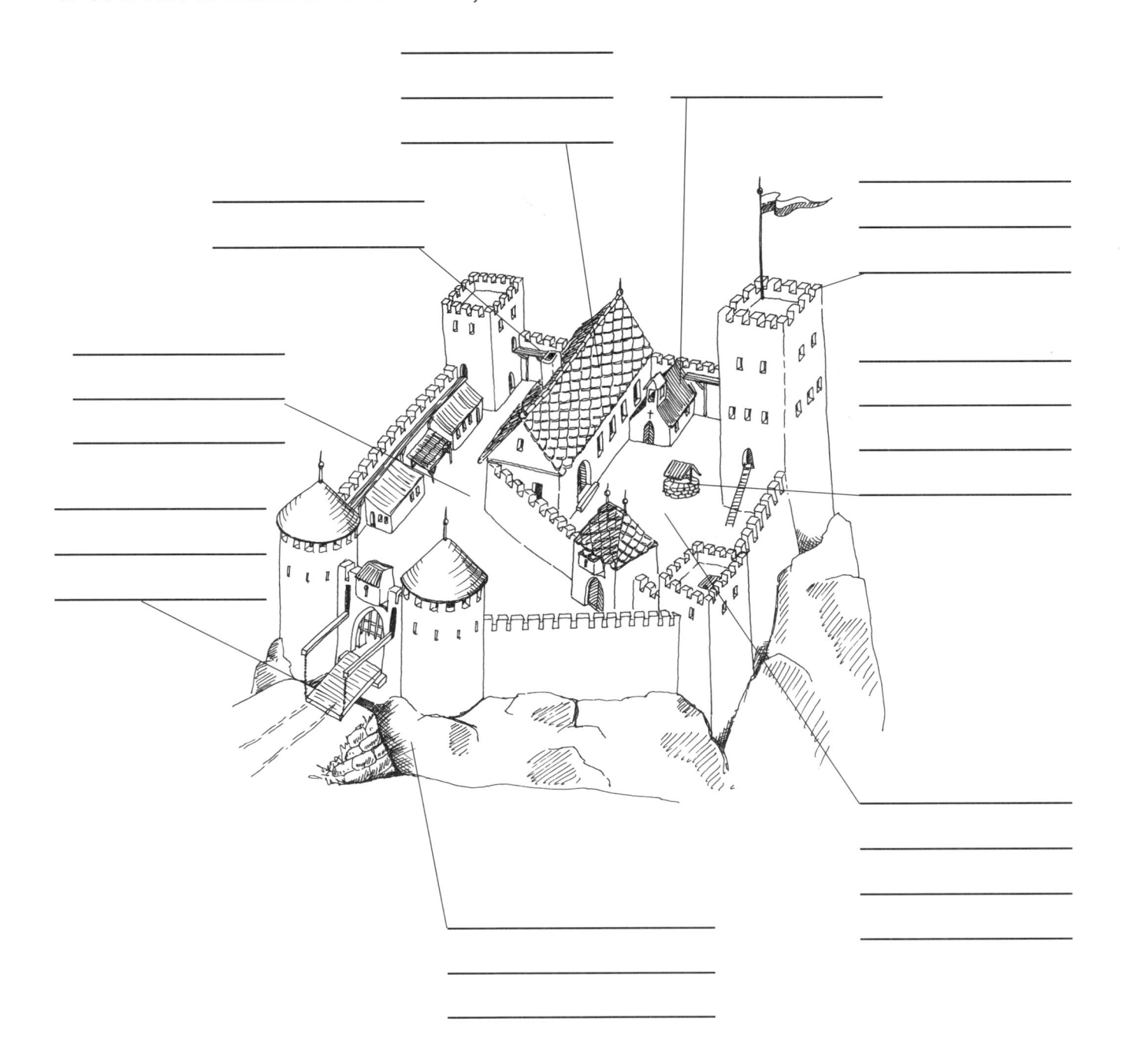

So hat mir die Seite gefallen.

So fand ich dieses Arbeitsblatt

leicht   mittel   schwer

Sachbuch-Kartei **Willi wills wissen: So lebten die Ritter auf der Burg**

Burgenbau war Schwerstarbeit

 Seiten 34/35

1. Schaue dir zunächst nur die Bilder auf den Seiten 34 und 35 in deinem Willi-Buch an. Was denkst du, worum es auf diesen Seiten geht?

   _____
   _____

2. Was möchtest du als Erstes lesen – die Infokästen zu den Bildern oder den Fließtext? Begründe.

   _____
   _____

3. Lies dir die Seiten nun nach und nach durch.

4. Schaue dir noch einmal Aufgabe 1 an. Stimmt deine Vermutung?

   _____
   _____

   Stelle dir vor, du wärst ein adliger Bauherr gewesen und hättest dir selbst eine Burg bauen lassen können – ganz so, wie du es dir wünschst.
   Wie hätte deine Burg ausgesehen?

5. Zeichne. Wenn du möchtest, kannst du die einzelnen Burgteile auch noch beschriften.

So fand ich dieses Arbeitsblatt

leicht   mittel   schwer

Sachbuch-Kartei **Willi wills wissen: So lebten die Ritter auf der Burg**

Burgenbau war Schwerstarbeit

📖 Seiten 34/35

1. **Lies dir die Seiten 34 und 35 in deinem Willi-Buch genau durch.**

2. **Im Mittelalter gab es verschiedene Burgenformen. Kannst du die beiden abgebildeten Formen benennen? Zeichne dann eine Erdhügelburg.**
   Tipp: *Erdhügelburgen waren meist durch einen hohen Zaun geschützt.*

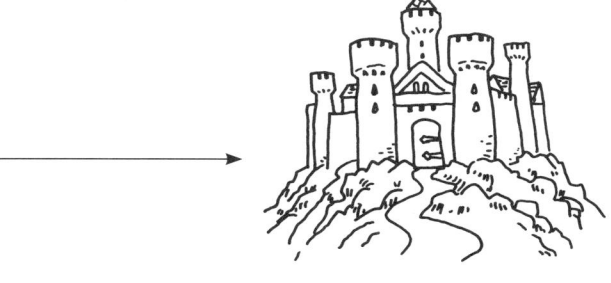

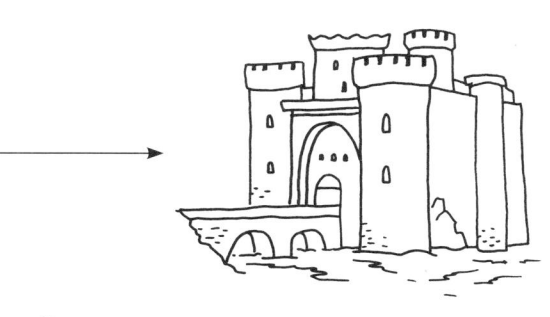

   ← Erdhügelburg

3. **Was glaubst du, welche Burg am besten vor Feinden schützte? Begründe.**

   _____
   _____

4. **Warst du auch schon einmal auf einer Burg? Wo war das? Was für eine Burg war es? Wie hat es dir dort gefallen?**

   _____
   _____
   _____

So fand ich dieses Arbeitsblatt

leicht   mittel   schwer

Angriff und Verteidigung

📖 Seiten 36/37

1. Lies dir die Seiten 36 und 37 in deinem Willi-Buch genau durch.

2. Hier siehst du noch einmal einen Teil des Textes abgedruckt. Jemand hat versucht, die wichtigen Textstellen zu markieren.

***Große** Kriegszüge gegen Burgen konnten **sich** nur der König, die Fürsten **und** die reichen Städter leisten. Gebaut wurden dafür Maschinen, die zum Teil **schon** die Römer kannten, die aber sehr teuer herzustellen waren. Mit dem Katapult **oder** der Riesenarmbrust konnte man aus sicherer Entfernung angreifen. Mit der Blide – **einer** Schleuder mit einem Hebelarm – wurden schwere Steinbrocken, Brandsätze, **stinkende** Abfälle oder sogar tote **Tiere** in die Burg geschleudert. Denn die Belagerer wollten die Burg entweder zerstören oder ansteckende Krankheiten hineinbringen. Einen Schutz dagegen **boten** den Verteidigern die hohen und dicken Mauern, aber auch feuchte Felle und Tücher, die gegen Brandpfeile oder Brandtöpfe halfen.*

a) Sind die Markierungen gut gewählt?

_____

b) Nimm einen farbigen Stift, und markiere selbst die Wörter, die du wichtig findest – die so genannten Schlüsselwörter.

3. Mit Hilfe deiner Schlüsselwörter kannst du die Fragen bestimmt beantworten. Die gekennzeichneten Buchstaben ergeben hintereinander ein Lösungswort.

Womit konnte man aus sicherer Entfernung angreifen?

☐ ☐ __ __ __ __ __ __ __ __ __

Große Kriegszüge gegen Burgen konnten sich Könige, Städte oder

__ __ __ __ ☐ __ __ leisten.

Gegen Brandtöpfe halfen feuchte Felle und ☐ __ __ __ __ __

Wie hieß die Schleuder mit dem Hebelarm? __ __ __ __ ☐

Dies musste bei einer Burg hoch und dick sein. __ __ __ ☐ __

Lösungswort: ☐ ☐ ☐ ☐ ☐

So fand ich dieses Arbeitsblatt

Sachbuch-Kartei **Willi wills wissen: So lebten die Ritter auf der Burg**

Angriff und Verteidigung

📖 Seiten 36/37

1. **Lies dir die Seiten 36 und 37 in deinem Willi-Buch genau durch.**

2. **Unten siehst du noch einmal einen Teil des Textes.
   Markiere die Wörter, die du wichtig findest – die Schlüsselwörter.**

3. **Gib nun jedem Textabschnitt eine Überschrift.**

   Gefürchtet bei den Burgbewohnern waren auch Belagerungstürme. Solche „Wandeltürme" konnten immerhin bis zu 40 Meter hoch sein und sie waren sehr teuer. Sie kosteten den Gegenwert von 40 Ochsen, ein Vermögen.

   _____

   *Die Wandeltürme wurden von außen mit der Hilfe von Winden an die Mauern herangeschoben.
   Von den Wandeltürmen beschossen die Angreifer die Verteidiger erst und sprangen dann auf die Mauern, um die Burgbewohner zu besiegen. Das war oft ein fürchterliches Gemetzel!*

   _____

   Ein Sturmangriff mit extralangen Leitern, den „Sturmleitern", war die häufigste Art, eine Burg zu erobern. Oft half eine List, selbst uneinnehmbare Burgen zu erobern.

   _____

   Manchmal gruben die Angreifer auch einen Tunnel unter die Burgmauern, den sie zunächst mit Holzpfeilern abstützten. Das Holz verbrannten sie dann und hofften, dass der Tunnel samt der Burgmauer einstürzte.

   _____

4. **Sicher kannst du die folgenden Fragen nun beantworten.
   Die Buchstaben in den Kästen ergeben hintereinander ein Lösungswort.**

   Mit hölzernen ___ ___ ___ ___ ___ ___ [ ] ___ stützte man die Tunnel ab.

   Damit wurden Burgen häufig erobert: ___ ___ ___ ___ ___ ___ ___ ___ [ ][ ]

   Was konnte bis zu 40 Meter hoch sein? ___ ___ ___ ___ ___ ___ [ ] ___

   Wandeltürme kosteten den Gegenwert von 40 ___ ___ ___ ___ [ ] ___ .

   Von den Wandeltürmen sprangen die Ritter auf die ___ ___ ___ [ ] ___ .

   Lösungswort: [ ][ ][ ][ ][ ]

So fand ich dieses Arbeitsblatt

leicht   mittel   schwer

Sachbuch-Kartei Willi wills wissen: So lebten die Ritter auf der Burg

Bei Ritters zu Hause

Seiten 38/39

Eiskalte Räume voller Qualm – so könnte man die Zimmer auf einer mittelalterlichen Burg beschreiben. In der Tat war es dort nicht sehr gemütlich.

1. Lies dir die Seiten 38 und 39 in deinem Willi-Buch genau durch.

2. Kannst du zeichnen, wie das Burgleben aussah? Verwende dazu die Informationen aus dem Text in deinem Willi-Buch.

So aßen die Ritter:

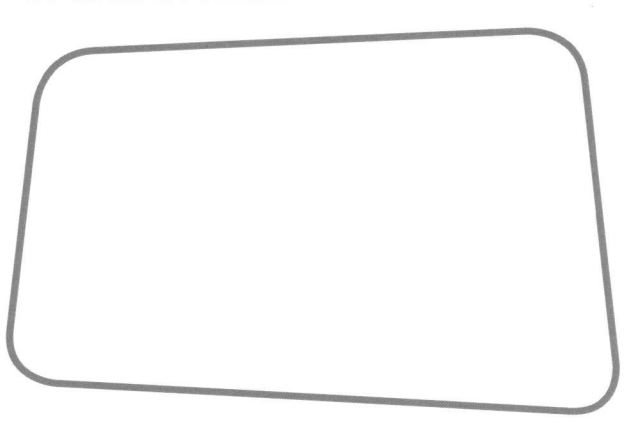

So schliefen die Ritter:

Tipp: *Die Stichwörter helfen dir. Versuche es aber erst allein.*

Stroh – dunkel – Kamin – Gemüse/Fleisch/Brot/ Getreidegrütze – Löffel/Messer/Finger – Trinkhörner

---

Rezepttipp: *Hast du Lust, mal ein Ritterrezept für Grütze nachzukochen?*

Grütze

Zutaten:
- 80 g Haferflocken
- 180 ml Wasser
- ½ Tasse Milch
- 1 Esslöffel Honig
- Rosinen

So geht es:
- Bringe das Wasser in einem kleinen Topf zum Kochen.
- Streue die Haferflocken hinein.
- Lasse es 5 Minuten köcheln, und rühre dabei ständig um.
- Lasse es ein wenig abkühlen und quellen.
- Gib nun die Rosinen, den Honig und die Milch dazu.
- Wenn du es ganz mittelalterlich möchtest, isst du es mit einem großen Holzlöffel.

Guten Appetit!

So fand ich dieses Arbeitsblatt

leicht   mittel   schwer

Bei Ritters zu Hause

📖 Seiten 38/39

1. **Lies die Seiten 38 und 39 im Willi-Buch.**

2. **Zeichne nach den Informationen im Willi-Buch, wie das Burgleben aussah. Beschrifte deine Zeichnungen.**

3. **Finde in anderen Büchern oder im Internet heraus, wie sich Ritter wuschen und badeten. Zeichne es in das dritte Feld.**

So schliefen die Ritter:

_____
_____

So badeten die Ritter:

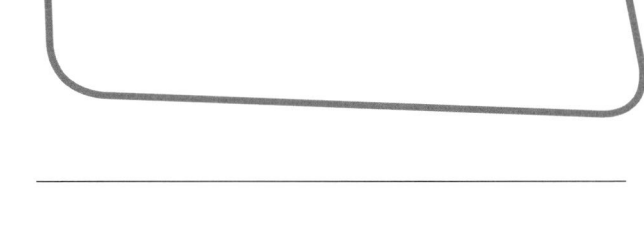

So kochten die Ritter:

_____
_____

Rezepttipp: *Hast du Lust, mal ein Ritterrezept für das Honiggetränk Met nachzukochen?*

Zutaten:
→ Geriebene Muskatnuss
→ 1 Liter kaltes Wasser
→ 1 ungespritzte Zitrone
→ 150 Gramm Honig

So geht es:
→ Verrühre den Honig mit dem Wasser in einer Kanne oder – wie im Mittelalter – in einem Tonkrug.
→ Schneide die Zitrone in Scheiben, und gibt sie zu dem Met.
→ Streue ein wenig Muskatnuss darüber.

Zum Wohl!

So fand ich dieses Arbeitsblatt

leicht   mittel   schwer

Sachbuch-Kartei **Willi wills wissen: So lebten die Ritter auf der Burg**

Minnesang und Tanzvergnügen

📖 Seiten 40/41

1. Lest euch die Seiten 40 und 41 im Willi-Buch genau durch.

2. Musik und Gedichte trugen Minnesänger vor.

    Welches Instrument hatten sie oft dabei? _____

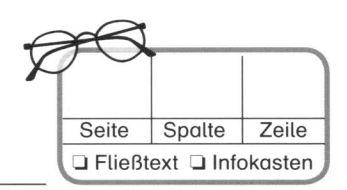

Seite	Spalte	Zeile
☐ Fließtext ☐ Infokasten		

3. Womit vergnügten sich die Burgbewohner sonst noch? Nenne 3 Dinge.

    _____

    _____

4. Das Gedicht *Dû bist mîn* ist eines der berühmtesten Gedichte aus dem Mittelalter. Lest es euch durch.

    Dû bist mîn
    Dû bist mîn, ich bin dîn:
    des solt dû gewis sîn;
    dû bist beslozzen in mînem herzen,
    verlorn ist daz sluzzelîn:
    dû muost och immer darinne sîn.

    Worterklärungen:
    mîn – mein, *beslozzen* – eingeschlossen,
    sluzzelîn – Schlüssel, *muost* – musst

5. Könnt ihr es verstehen? Es ist ein
    - ☐ Liebesgedicht.
    - ☐ Gedicht über ein Ritter, der in einem Verlies eingesperrt ist.
    - ☐ Gedicht über einen Ritter, der den Schlüssel zu seiner Burgschatzkammer verloren hat.

6. Nun seid ihr an der Reihe! Übt gemeinsam, das Gedicht laut zu lesen. Einer von euch trägt als Ritter der Dame das Gedicht vor.
    Tipp: *Unter diesem Link könnt ihr euch anhören, wie das Gedicht auf Mittelhochdeutsch klingt:*
    http://www.deutschelyrik.de/clubs/Lyrik/prod/Du%20bist%20min%20ok(1).mp3

So fand ich dieses Arbeitsblatt

leicht   mittel   schwer

Minnesang und Tanzvergnügen

 Seiten 40/41

1. Lest euch die Seiten 40 und 41 im Willi-Buch genau durch.

2. Wovon sangen die Minnesänger, und warum taten sie das?

   _____

   _____

3. Das Gedicht *Under der linden* von Walther von der Vogelweide ist eines der berühmtesten Gedichte aus dem Mittelalter. Lest es euch durch.

   Under der linden

   Under der linden
   an der heide,
   dâ unser zweier bette was,
   dâ muget ir vinden
   schône beide
   gebrochen bluomen unde gras.
   Vor dem walde in einem tal,
   tandaradei,
   schône sanc diu nahtegal.

   Worterklärungen:
   dâ: da – *mugen*: können – *vinden*: finden – *schône*: schön – *nahtegal*: Nachtigall

4. Könnt ihr es verstehen? Es ist ein
   ☐ Liebesgedicht.
   ☐ Gedicht über die schöne Landschaft im Mittelalter.
   ☐ Gedicht über eine Nachtigall.

5. Nun seid ihr an der Reihe! Übt gemeinsam, das Gedicht laut zu lesen. Einer von euch trägt als Ritter der Dame das Gedicht vor.
   Tipps: ➔ *Sprecht das Gedicht auch den anderen Mitschülern vor.*
   ➔ *Auf dem Bild seht ihr, wie die Minnesänger aussahen.*
   ➔ *Wenn ihr einen Internetzugang mit Lautsprechern habt, könnt ihr euch unter diesem Link anhören, wie das Gedicht auf Mittelhochdeutsch klingt:*
   www.altemusik.net/klangproben/mp3_files/underderlinden.mp3

   So fand ich dieses Arbeitsblatt

   leicht   mittel   schwer

Das Ende der Ritterzeit!

📖 Seiten 42/43

Die Ritterzeit dauerte etwa 700 Jahre lang – dann war das Ende der Ritter gekommen.

1. **Lies dir die Seiten 42 und 43 in deinem Willi-Buch genau durch.**

2. **Im Text sind ziemlich viele Jahreszahlen. Diese werden übersichtlicher, wenn man sie auf einer Zeitleiste darstellt. Verbinde die Ereignisse mit den richtigen Jahreszahlen.**

| um etwa 1300 | 1349 | ab etwa 1350 | 1453 | 1506 |

| Die Welt der Ritter veränderte sich – schwere Zeiten für die Ritter. | Die Pest wütete in Europa. | Die Schweizergarde wird gegründet. Sie schützt den Papst. | Die erste Feuerwaffe kam nach Europa, das „Handrohr". | Truppen des osmanischen Reiches erobern Konstantinopel. |

3. **Welche Aussagen stimmen? Kreuze an.**

   ☐ Etwa 25 Millionen Menschen starben an der Pest.

   ☐ Viele Bauern gingen in die Städte, sodass die Ritter keine Leute mehr hatten, die ihre Felder bestellten.

   ☐ Es gab kein Geld; Ritter bezahlten ihre Waren mit ihren Pferden und ihrer Rüstung, sodass sie irgendwann nichts mehr hatten.

   ☐ Manche Ritter wurden Großbauern, andere gingen in die Stadt.

   ☐ Die Arkebuse schoss etwa 50 Meter weit.

   ☐ Landsknechte waren Soldaten ohne Adel. Sie waren besser bewaffnet als die Ritter und kannten keine ritterlichen Regeln. Deshalb hatten die Ritter gegen sie keine Chance.

So fand ich dieses Arbeitsblatt

leicht   mittel   schwer

Das Ende der Ritterzeit!

📖 Seiten 42/43

Die Ritterzeit dauerte etwa 700 Jahre lang – dann war das Ende der Ritter gekommen.

1. **Lies dir die Seiten 42 und 43 in deinem Willi-Buch genau durch.**

2. **In dem Text sind ziemlich viele Jahreszahlen. Diese werden übersichtlicher, wenn man sie auf einer Zeitleiste darstellt. Trage die Ereignisse zu den passenden Jahreszahlen in die Kästen ein.**

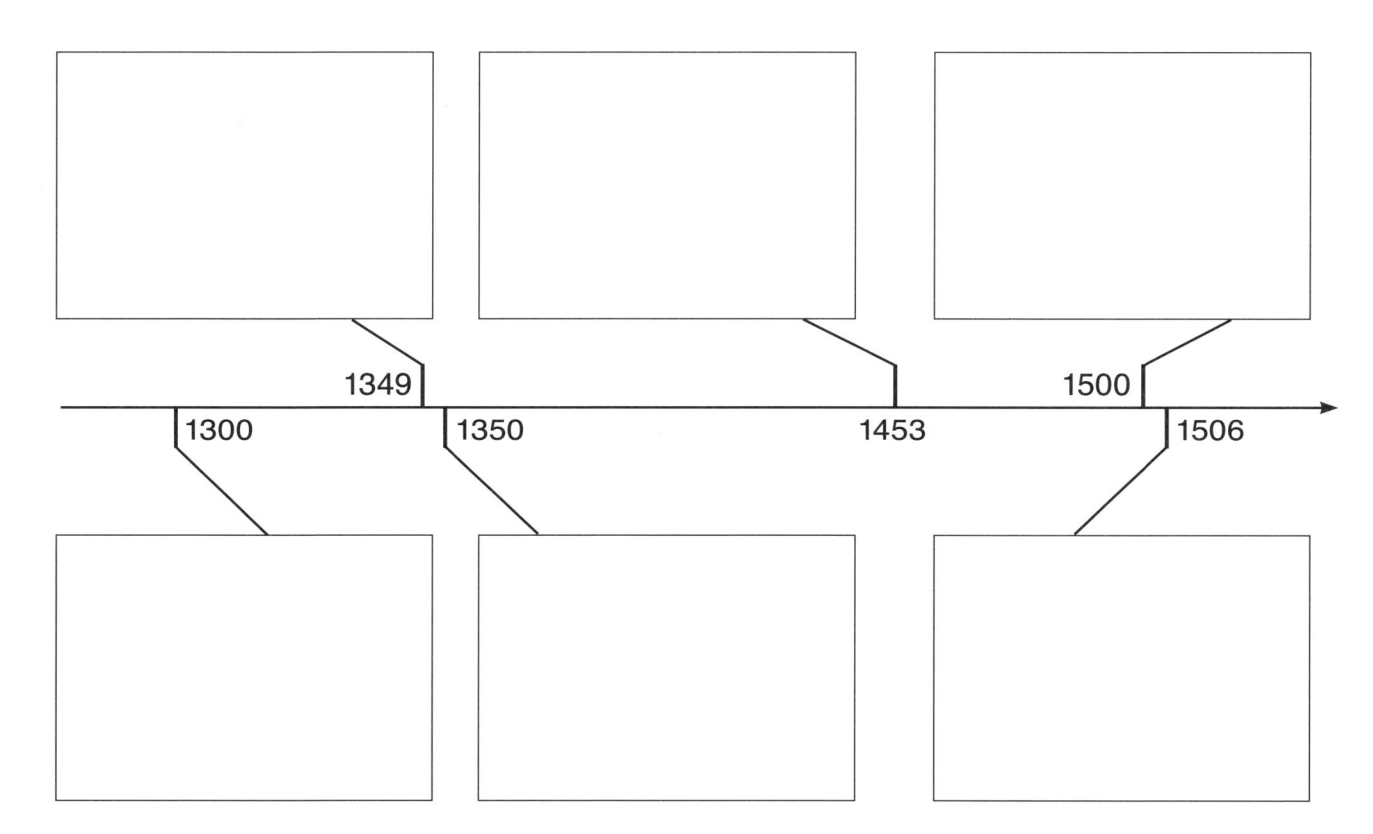

   1300   1349   1350   1453   1500   1506

3. **Warum gibt es heute keine Ritter mehr? Nenne 3 Argumente aus dem Text.**

   → _____
   → _____
   → _____

Tipp: *Folgende Begriffe können dir helfen: Geld, Landsknechte, Pest, Bauern*

So fand ich dieses Arbeitsblatt

leicht   mittel   schwer

Sachbuch-Kartei **Willi wills wissen: So lebten die Ritter auf der Burg**

Ausflug ins Mittelalter!

📖 Seiten 44/45

Auch heute noch gibt es in Deutschland viele Burgen. In einigen sind Museen, die viele mittelalterliche Aktivitäten anbieten, zum Beispiel Schmieden, Spinnen oder Kochen wie die Ritter.

1. **Die Aufgaben auf dieser Seite löst ihr am besten zu zweit. Lest euch die Seiten 44 und 45 im Willi-Buch genau durch.**

2. **In der Deutschlandkarte sind mit ■ die 4 Orte eingetragen, in denen die Burgen stehen, die Willi ausgesucht hat. Schlagt im Atlas nach, wo die Burgen liegen. Tragt die Orte in die Karte ein.**
   Tipp: Ihr könnt auch im Internet suchen, zum Beispiel unter www.maps.google.de.

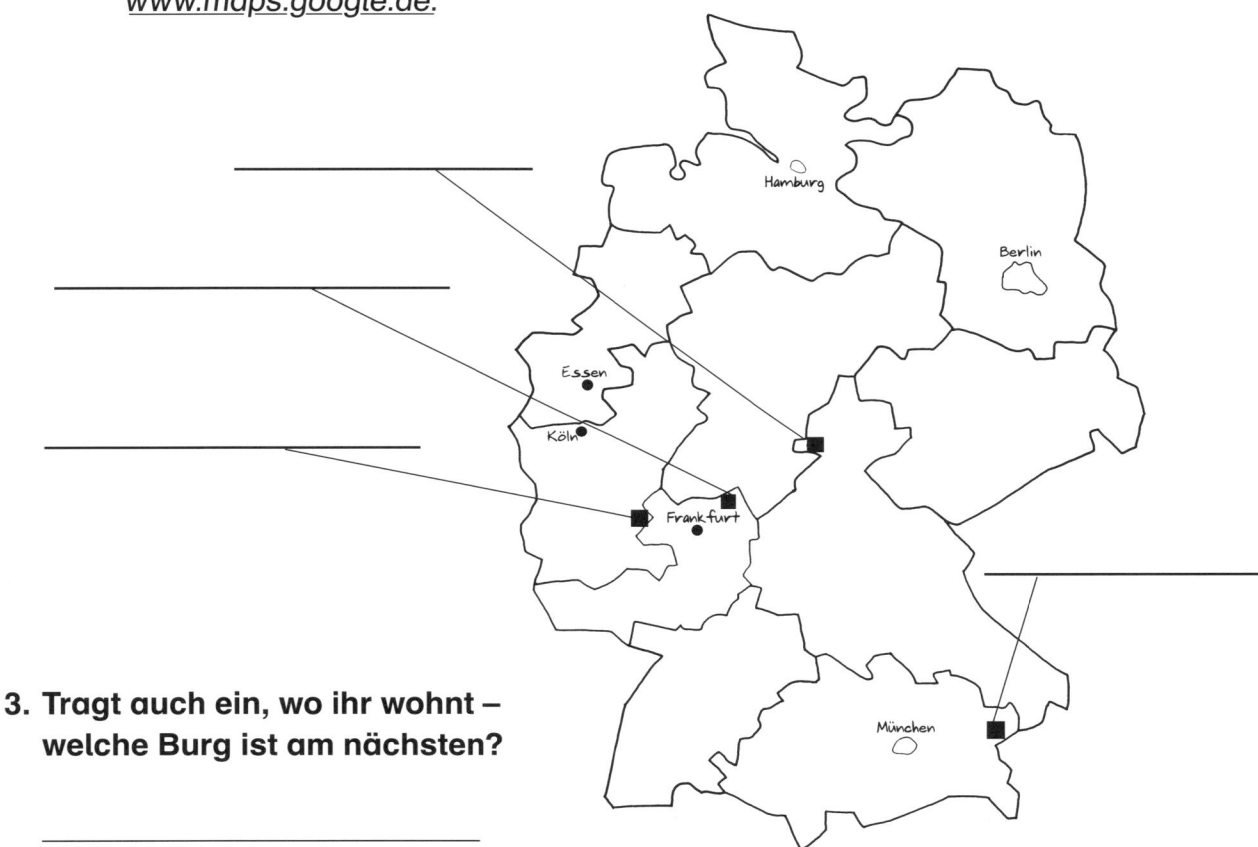

3. **Tragt auch ein, wo ihr wohnt – welche Burg ist am nächsten?**

   _____

4. **Sucht euch eine Burg aus, und schaut im Internet nach, was es dort alles gibt. Schreibt ein kleines Info-Plakat, und gestaltet es mit mittelalterlichen Motiven. Folgende Angaben sollten darauf sein:**

   → Öffnungszeiten   → Eintrittspreise
   → das kann man dort machen   → Veranstaltungen
   → Besonderheiten der Burg   → das fanden wir sonst noch spannend

   So fand ich dieses Arbeitsblatt

   leicht   mittel   schwer

   Sachbuch-Kartei **Willi wills wissen: So lebten die Ritter auf der Burg**

Leben im Mittelalter – auch etwas für mich?

Wenn du auf dieser Seite angelangt bist, hast du schon jede Menge über das Mittelalter und das Leben der Ritter erfahren.
Was meinst du, wäre das auch etwas für dich?

1. Trage in die Tabelle Vorteile und Nachteile des Lebens im Mittelalter ein.

Vorteile	Nachteile

2. Hättest du gerne im Mittelalter gelebt? Begründe.

_____
_____
_____
_____
_____

Übrigens:
Natürlich gab es im Mittelalter auch kein fließendes Wasser, schon gar kein warmes. Auf vielen Burgen musste man es mit Eseln aus dem Tal holen. Wasser war daher viel zu kostbar, um es zum Baden zu verschwenden. Im Sommer badeten die Ritter im Fluss oder einem See. Im Winter fiel das Baden dann aus – und es gab jede Menge Läuse, Flöhe und Gestank …

Wissensquiz 1/2

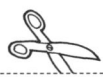

Wie lange gab es Ritter?
a) etwa 100 Jahre
b) etwa 700 Jahre
c) etwa 2000 Jahre
Tipp: *Lies auf den Seiten 6/7 nach.*

Lösung: b)

Wer durfte (etwa ab dem Jahr 1200) Ritter werden?
Tipp: *Lies auf den Seiten 8/9 nach.*

Lösung: wer aus einer Adelsfamilie stammte oder wer schon früher einen Ritter in der Familie hatte

---

In welchem Alter konnte man zum Ritter ernannt werden?
Tipp: *Lies auf den Seiten 10/11 nach.*

Lösung: mit 21 Jahren

Wie nennt man das Fest, an dem ein Knappe feierlich zum Ritter wird?
Tipp: *Lies auf den Seiten 12/13 nach.*

Lösung: Schwertleite

Was war die Standardwaffe der Ritter?
Tipp: *Lies auf den Seiten 14/15 nach.*

Lösung: das einhändige Schwert, auch Einhänder genannt

Wie viel wog in etwa eine komplette Rüstung?
Tipp: *Lies auf den Seiten 16/17 nach.*

Lösung: 35 Kilogramm

Wie nennt man eine Ritterrüstung in der Fachsprache?
Tipp: *Lies auf den Seiten 18/19 nach.*

Lösung: Harnisch

Ein gutes Streitross war in etwa so teuer wie heute …
a) ein schnelles Nobelauto.
b) ein Haus.
c) ein Motorboot.
Tipp: *Lies auf den Seiten 20/21 nach.*

Lösung: a)

Wissensquiz 2/2

? Warum trugen die Ritter Tiere, wie Löwen oder Bären, auf ihren Wappen?

Tipp: *Lies auf den Seiten 22/23 nach.*

Lösung: Ritter waren abergläubisch und hofften, dass sie so im Kampf genauso stark und mutig würden wie die wilden Tiere.

? Was passierte mit Rittern, die sich durch falsche Familienangaben eine Teilnahme am Ritterturnier erschwindelt haben?

Tipp: *Lies auf den Seiten 24/25 nach.*

Lösung: Sie mussten auf der Schranke strafsitzen.

? Wie nennt man den Höhepunkt eines Ritterturniers, bei dem 2 Ritter mit ihren Lanzen direkt aufeinander zureiten?

Tipp: *Lies auf den Seiten 26/27 nach.*

Lösung: Tjost

? Wie oft gab es im Mittelalter große Schlachten?
a) jede Woche
b) Irgendwo gab es immer eine Schlacht.
c) Große Schlachten gab es nur ganz selten.

Tipp: *Lies auf den Seiten 28/29 nach.*

Lösung: c)

? Was wollten die Kreuzritter in Jerusalem?

Tipp: *Lies auf den Seiten 30/31 nach.*

Lösung: Sie wollten die Moslems aus der Stadt vertreiben.

? Nenne 3 wichtige Bestandteile einer Burg.

Tipp: *Lies auf den Seiten 32/33 nach.*

Lösungsbeispiele: Bergfried, Burgmauer, Kapelle, Burgtor, Wehrgang, Burggraben, Brunnen, Palas

---

? Nenne 3 verschiedene Burgenformen.

Tipp: *Lies auf den Seiten 34/35 nach.*

Lösungsbeispiele: Niederungsburg, Höhenburg, Wasserburg, Erdhügelburg

---

? Nenne 3 Maschinen, die die Menschen im Mittelalter verwendeten, um eine Burg einzunehmen.

Tipp: *Lies auf den Seiten 36/37 nach.*

Lösungsbeispiele: Katapult, Riesenarmbrust, Blide, Wandeltürme, Sturmleiter

---

Sachbuch-Kartei **Willi wills wissen: So lebten die Ritter auf der Burg**

Mein Experten-Wörterbuch 1/2

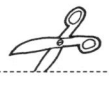

So machst du dein Experten-Wörterbuch

Richtige Ritter-Experten kennen eine Menge Wörter zu ihrem Thema.
Werde auch du zu einem Wörter-Experten, und gestalte dein eigenes Wörterbuch:

1. Du benötigst zunächst 6 Kopien der Seite 55.

2. Trage folgende Wörter unter „Wort" ein:

S. 6 – 7: Lanze	S. 20–21: Streitross	S. 34–35: Erdhügelburg
S. 8 – 9: Lehen	S. 22–23: Wappen	S. 36–37: Blide
S. 10–11: Page	S. 24–25: Fanfare	S. 38–39: Kemenate
S. 12–13: Schwertleite	S. 26–27: Tjost	S. 40–41: Minnesang
S. 14–15: Schild	S. 28–29: Tross	S. 42–43: Donnerbüchse
S. 16–17: Kettenhemd	S. 30–31: Kreuzzug	S. 44–45: Gaukler
S. 18–19: Armbrust	S. 32–33: Bergfried	

3. Schreibe nun auf, was das Wort bedeuten könnte.
   Tipp: *Schlage das Willi-Buch auf der entsprechenden Seite auf, und lies noch einmal den Absatz durch, in dem das Wort vorkommt.*

4. Gehe auf Nummer sicher. Schlage im Wörterbuch nach, oder schaue im Internet, zum Beispiel unter: www.wikipedia.de **oder** www.blindekuh.de

5. Trage nun im unteren Feld ein, wie das Lexikon oder das Internet das Wort erklären. Dann noch ausschneiden und zusammenheften.

So machst du dein Experten-Wörterbuch

Richtige Ritter-Experten kennen eine Menge Wörter zu ihrem Thema.
Werde auch du zu einem Wörter-Experten, und gestalte dein eigenes Wörterbuch:

1. Du benötigst zunächst mehrere Kopien der Seite 57.

2. Suche dir von unterschiedlichen Doppelseiten im Willi-Buch ein Wort aus, das du nicht kennst oder das für das Verständnis dieser Seite wichtig ist. Das kann ein Nomen, ein Adjektiv oder ein Verb sein. Trage es unter „Wort" ein.

3. Schreibe nun auf, was das Wort bedeuten könnte.
   Tipp: *Lies noch einmal den Absatz durch, in dem das Wort vorkommt.*

4. Gehe auf Nummer sicher. Schlage im Wörterbuch nach, oder schaue im Internet, zum Beispiel unter: www.wikipedia.de **oder** www.blindekuh.de

5. Trage nun im unteren Feld ein, wie das Lexikon oder das Internet das Wort erklären. Dann noch ausschneiden und zusammenheften.

Mein Experten-Wörterbuch 2/2

Wort:
_____

Das könnte es bedeuten:
_____
_____

So steht es im Lexikon oder im Internet:
_____
_____
_____
_____

Wort:
_____

Das könnte es bedeuten:
_____
_____

So steht es im Lexikon oder im Internet:
_____
_____
_____
_____

Wort:
_____

Das könnte es bedeuten:
_____
_____

So steht es im Lexikon oder im Internet:
_____
_____
_____
_____

Wort:
_____

Das könnte es bedeuten:
_____
_____

So steht es im Lexikon oder im Internet:
_____
_____
_____
_____

Zeig, was du weißt! 1/2

1. Findet euch zu viert zusammen.

2. Zeigt Freunden aus anderen Klassen, euren Eltern oder Geschwistern, dass ihr richtige Profis in Sachen Ritter seid.

3. Sucht euch eine der 3 Möglichkeiten aus, euer Wissen zu präsentieren.

Diese Arbeitsblätter kannst du erst dann bearbeiten, wenn du das Willi-wills-wissen-Sachbuch ganz gelesen hast!

Für Wissenshungrige: Alles Wissen auf den Tisch!

Bringt euer Wissen auf einem Ausstellungstisch zur Geltung.

Tipps:
- Überlegt euch wichtige Bereiche zum Thema *Ritter*, zum Beispiel *Burg, Turniere, Ausbildung zum Ritter*.
- Findet kurze Überschriften dazu, und schreibt sie zur Orientierung auf Schilder. So weiß der Betrachter genau, worum es in den einzelnen Tischbeiträgen geht.
- Jeder von euch ist für ein Teilthema verantwortlich und überlegt, wie er das Wissen zeigen will: Als Heftchen zum Blättern? Als einfaches Blatt mit Zeichnungen? Soll es Anschauungsmaterialien geben? Wenn ja, welche, und wo kann man sie besorgen?
- Legt vorher eine Tischdecke auf den Tisch. Besonders interessant wirkt es, wenn ihr einzelne Beiträge erhöht präsentiert. Legt dazu zum Beispiel einen Karton unter die Decke, und stellt eure Infomaterialien auf diese Erhöhung.

Wichtig: *Baut den Wissenstisch übersichtlich auf, und lasst genügend Abstand zwischen den Themen.*

Zeig, was du weißt! 2/2

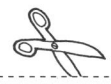

Für Wissenskünstler: Alles Wissen an die Wand!

Hängt an eine Wand eures Klassenzimmers eine lange Wissenszeitung.

Tipps:
- Überlegt euch wichtige Bereiche zum Thema *Ritter*, zum Beispiel *Burg, Turniere, Ausbildung zum Ritter*.
- Nehmt ein langes Stück Tapete, und teilt genügend große Abschnitte für jedes Teilthema ein.
- Findet kurze Überschriften zu jedem Teilthema.
- Wer ist für welchen Beitrag verantwortlich? Schreibt jeweils alles Wichtige auf Blätter in verschiedenen Größen und Farben. Klebt sie dann auf.
- Macht eure Texte mit Zeichnungen, Fotos, Bildern und Skizzen zum Hingucker.

Wichtig: *Damit alles übersichtlich und gut zu lesen ist, solltet ihr immer groß genug schreiben.*

Für Wissensgucker: Alles Wissen auf die Mattscheibe!

Tretet in Willis Fußstapfen, und dreht eure eigene Nachrichtensendung!

Tipps:
- Überlegt euch wichtige Bereiche zum Thema *Ritter*, zum Beispiel *Burg, Turniere, Ausbildung zum Ritter*.
- Findet kurze Überschriften dazu.
- Wer ist für welchen Beitrag verantwortlich? Schreibt jeweils alles Wichtige kurz auf Karteikarten.
- Wer ist der Nachrichtensprecher? Kann er alle Karteikarten gut lesen?
- Soll es Hintergrundbilder zu den Teilthemen geben?
- Soll es Interviews geben? Wenn ja, wer ist der Interviewer und wer der Interviewte?
- Wer kann filmen? Oder soll eure Sendung live im Klassenzimmer stattfinden?

Wichtig: *Damit alles reibungslos klappt, solltet ihr die Sendung vorher einmal ganz durchspielen.*

Zeilometer mit Lesetipps 1/2

Manchmal muss man einen Text ganz genau lesen. Zum Beispiel, um bestimmte Wörter zu finden, oder um Aussagen mit einer Textstelle zu belegen. Das Zeilometer hilft dir dabei.
Tipp: Du kannst dein Zeilometer auch als Lesezeichen nutzen!

1. **Male das Zeilometer bunt an, und schneide es aus.**
2. **Klebe es auf stabile Pappe, oder laminiere es.**
3. **Loche es oben in der Mitte, und ziehe eine Kordel hindurch.**

Und so kannst du dein Zeilometer benutzen:

← Wenn du es **rechts** an den **Fließtext** oder einmal umgedreht → an den **Infokasten** anlegst, kannst du ganz genau sagen, in welcher Zeile was steht.

← Hinten auf deinem Zeilometer stehen noch **Tricks**, mit denen du Texte leichter verstehen kannst.

Mit dem **Wörterfenster** kannst → du das Lesezeichen über den Text schieben, sodass die Wörter beim Lesen nach und nach in dem Fenster erscheinen.

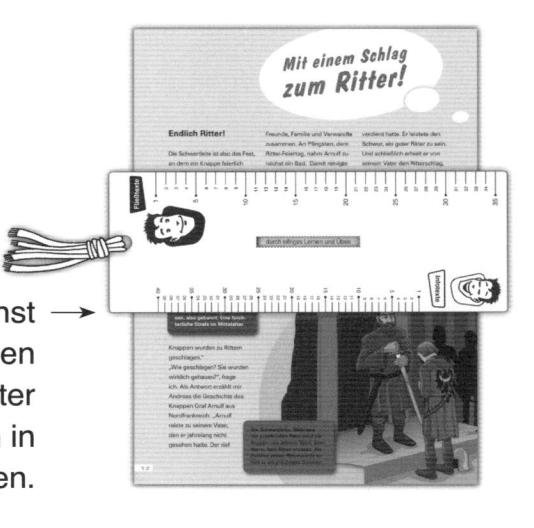

Zeilometer mit Lesetipps 2/2

an dieser Linie nach hinten falten und zusammenkleben

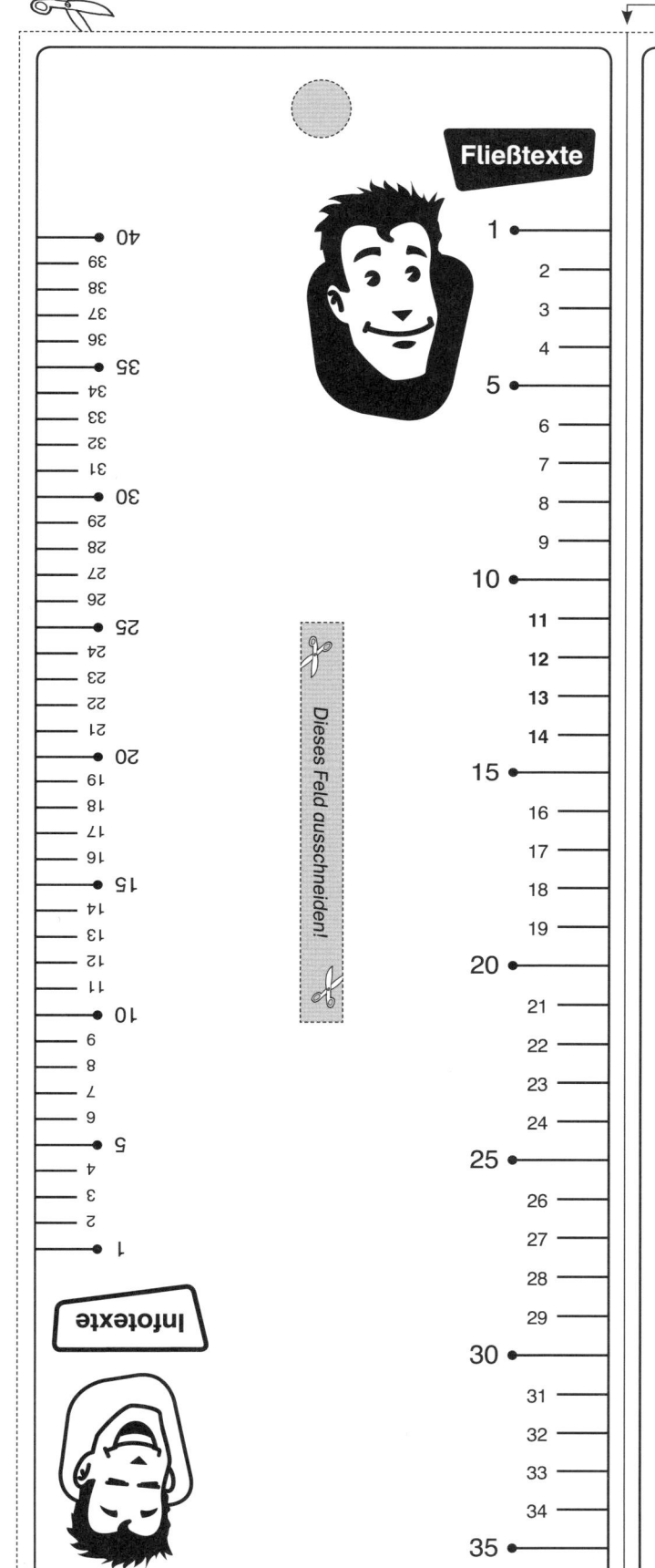

Fließtexte

Infotexte

Dieses Feld ausschneiden!

Die Texte in deinem Willi-Buch sind manchmal ganz schön schwierig. Aber keine Sorge! Wenn du die folgenden Tricks anwendest, geht es schon viel leichter.

1. **Lies als Erstes die Überschrift.**
   Die Überschrift gibt dir Hinweise, worum es in dem Text geht.

2. **Sieh dir die Bilder an.**
   Bilder liefern oft Erklärungen zum Text und helfen dir, ihn zu verstehen.

3. **Schwierige Wörter klären**
   Schreibe die Wörter heraus, die du nicht verstehst, und schlage sie nach, oder frage jemanden.

4. **Schlüsselwörter markieren**
   Schlüsselwörter sind die wichtigsten Wörter in einem Text. Indem du sie zum Beispiel mit einem Textmarker markierst, helfen sie dir, wichtige Informationen zu finden. Natürlich solltest du nicht in dein Willi-Buch malen. Vielleicht kann dein Lehrer dir ab und zu eine Seite kopieren.

5. **Fragen stellen**
   Schreibe Fragen zu dem Text auf, und versuche, sie mit Hilfe des Textes zu beantworten.

Sachbuch-Kartei **Willi wills wissen: So lebten die Ritter auf der Burg**

Mein Inhaltsverzeichnis

So schreibst du dein eigenes Inhaltsverzeichnis

Du hast bestimmt schon gemerkt, dass in deinem Willi-Buch kein Inhaltsverzeichnis ist. Ein Inhaltsverzeichnis ist aber wichtig, damit du die Informationen, die du gerade brauchst, schneller findest.

1. Jetzt kommst du ins Spiel. Erstelle einfach selbst ein Inhaltsverzeichnis. Erstelle eine Tabelle mit einer Spalte für die Seitenzahl und einer für die Überschrift. Du brauchst insgesamt 21 Zeilen.

2. In die linke Spalte schreibst du nun die Seitenzahlen aus deinem Willi-Buch, in die rechte Spalte schreibst du die passende Überschrift aus dem Willi-Buch ab.
   Aber Achtung: *Die Überschrift steht auf jeder Doppelseite irgendwo anders.*

3. Wenn du fertig bist, kannst du dein Inhaltsverzeichnis in dein Willi-Buch hineinlegen und findest jederzeit schnell das Kapitel, das du lesen willst.

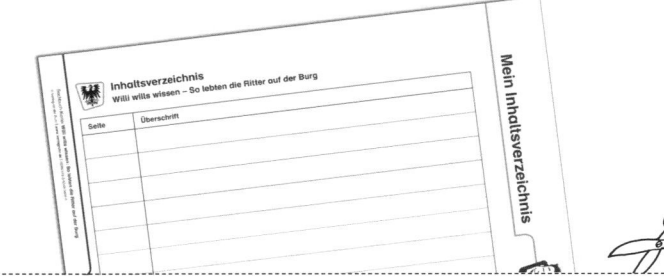

So schreibst du dein eigenes Inhaltsverzeichnis

Du hast bestimmt schon gemerkt, dass in deinem Willi-Buch kein Inhaltsverzeichnis ist. Ein Inhaltsverzeichnis ist aber wichtig, damit du die Informationen, die du gerade brauchst, schneller findest.

1. Erstelle ein eigenes Inhaltsverzeichnis, aber nicht nur mit Seitenzahlen und Überschriften, sondern auch mit eigenen Vorschlägen für Überschriften und einer kurzen Inhaltsangabe. Zeichne eine leere Tabelle mit 21 Zeilen und 4 Spalten: *Seite, Überschrift im Buch, So würde ich die Seite nennen* und *Stichworte zum Inhalt.*

2. Trage dort in der richtigen Reihenfolge zu jedem Kapitel die Seitenzahlen, die passende Überschrift aus dem Buch, deinen eigenen Vorschlag und ein paar kurze Stichworte zum Inhalt ein.

3. Wenn du fertig bist, kannst du dein Inhaltsverzeichnis in dein Willi-Buch hineinlegen und findest jederzeit schnell das Kapitel, das du lesen willst.

Lesestrategie-Kartei

Die richtigen **Lesestrategien** anzuwenden, ist gar nicht so einfach. Diese Kartei hilft dir dabei. Schneide die Kärtchen aus. Laminiere sie, oder klebe sie auf feste Pappe. So hast du sie immer parat, wenn du Leseaufgaben lösen sollst.

Eine Meinung begründen

Mit Begründungen kannst du andere gut überzeugen.

Du kannst sie beispielsweise mit **folgenden Wörtern** einleiten:
- weil
- da
- denn

Beispiel: *Ich wäre im Mittelalter lieber ein Mädchen gewesen, weil …*

W-Fragen stellen

W-Fragen vor dem Lesen zu stellen, hilft dir, den Text schneller zu verstehen.

- **Wer oder was?** – Welche Personen oder Sachen sind in diesem Text am wichtigsten?
- **Wann?** – Gibt es wichtige Zeitangaben?
- **Was?** – Welche wichtigen Informationen bekomme ich durch den Text?
- **Warum? Wie?** – Erklärt der Text, wieso etwas so ist?

Markieren

Markieren hilft, einen Text zu verstehen. Du brauchst aber ein wenig Übung.

- Benutze einen **Textmarker** oder ein Lineal und einen dünnen Stift.
- Markiere **nicht zu viele Wörter**.
- Wenn du Fragen zum Text hast, lies den Text noch einmal und markiere nur die **Antwortstellen**. Du findest sie dann leicht wieder.

Einen roten Faden erstellen

Ein roter Faden hilft bei Nacherzählungen und Inhaltsangaben.

- Zeichne auf ein Blatt eine **rote Schlangenlinie** als roten Faden.
- Suche dir zu jedem Abschnitt des Textes 1 oder 2 **wichtige Stichwörter** heraus. Schreibe sie der Reihe nach an den Faden.
- Nun hast du eine **Erinnerungshilfe** beim Erzählen oder Schreiben.

Erwartungen formulieren

Hiermit kannst du dich gut auf einen neuen Text vorbereiten. Lies zunächst die Überschrift, und schreibe dann auf:

- **Worum geht es** vermutlich?
- **Was weißt du** dazu schon alles?
- Was sollte in diesem Text stehen?

Manchmal ist die Überschrift so allgemein, dass sie noch nichts über den Text aussagt. Schaue dir dann die **Unterüberschriften** oder die **Bilder** an.

Weitere Informationen suchen

Benötigst du noch zusätzliches Wissen zum Thema? Dann forsche im **Lexikon**, in **Sachbüchern** oder im **Internet**.

- **Lexika** und **Sachbücher** enthalten oft am Ende ein **alphabetisches Verzeichnis**, oder sie sind sogar ganz alphabetisch sortiert.
- Im **Internet** nutzt du am besten eine Suchmaschine, zum Beispiel: www.blinde-kuh.de oder www.milkmoon.de

Sachbuch-Kartei **Willi wills wissen: So lebten die Ritter auf der Burg**
© Verlag an der Ruhr | www.verlagruhr.de | ISBN 978-3-8346-0486-6

Ein Brief an Willi

Nun hast du es geschafft – ein ganzes Willi-Buch gelesen! **Eine tolle Leistung!** Bestimmt möchte Willi auch wissen, ob dir das Buch und die Materialien dazu gefallen haben.

1. Wir fandest du die Texte im Buch? Spannend oder langweilig? Schwierig oder leicht?
2. Welche Aufgabe hat dir am meisten Spaß gemacht?
3. Welche Aufgabe fandest du schwierig?
4. Auf den letzten beiden Seiten im Willi-Buch siehst du, welche Bücher es sonst noch gibt.
   Welche würden dich besonders interessieren?
   Welches Thema wünschst du dir, das es noch nicht gibt?
5. Was möchtest du Willi sonst noch sagen?

Es wäre toll, wenn du diese Fragen in einem Brief an Willi beantworten würdest!

Schicke deinen Brief an: **Verlag an der Ruhr**
„**Willi Weitzel**"
Postfach 10 22 51
45422 Mülheim an der Ruhr

Lösungen 1/2

Auf den folgenden Seiten sind die Lösungen der Aufträge, die sich eindeutig lösen lassen, knapp hintereinander aufgeschrieben.

Eisenharte Krieger (S. 12/13)

2.

800 bis 900	1000	1200	1400
bewaffnete Krieger	Kreuzritter	mächtige Adlige	Ritter mit Rüstungen

3. Der letzte Ritter hieß Maximilian. Er starb 1519.

Reicher Lohn für treue Dienste (S. 14/15)

2. Ich bin der Herrscher über das ganze Volk. – violett (König)
Ich gehorche meinem Ritter. Eines Tages möchte ich selbst ein Ritter sein. – grün (Knappe)
Ich gehorche nur dem König und kämpfe jederzeit auf seinen Befehl. – rot (Fürst)
Ich brauche keine Steuern zahlen. – blau (Ritter)
Ich bekomme von meinem Fürsten Länderein, ein Lehen. Zu diesem Land gehören auch Dörfer. – blau (Ritter)
Ich muss einen Teil meiner Ernte an meinen Fürst abgeben. – gelb (Bauer)
3. Vasallen
(Seite 9, Spalte 3, Zeile 21, Fließtext)

3. Vasallen
(Seite 9, Spalte 3, Zeile 21, Fließtext)
4. Bauern

Knappen dienten brav (S. 16)

2. 9., *stattdessen*: 7.; Ihre Mutter, *stattdessen*: Ein Kindermädchen; Ein Ritter, *stattdessen*: Ein Lehrer; schwimmen, tanzen und Dame spielen, *stattdessen*: reiten, jagen und kämpfen; Mönche, *stattdessen*: Knappen; beten und schmieden, *stattdessen*: lesen und schreiben; bäuerliche, *stattdessen*: ritterliche; Heugabel und Spinnrad, *stattdessen*: Rüstung und Waffen; 24, *stattdessen*: 21; König, *stattdessen*: Ritter
3. Text 1 – unteres Bild; Text 22. – Bild von unten; Text 3 – 2. Bild von oben; Text 4 – oberes Bild

Mit einem Schlag zum Ritter! (S. 18/19)

3. b) *gelb unterstrichen*: legte ich meine Rüstung auf den Altar; betete ich die ganze Nacht, einfache Kutte; rotes Gewand und schwarze Strümpfe; übergab mir mein Herr das Schwert; berührte nur mit der Schwertklinge leicht meine Schulter
c) *rot unterstrichen*: Zeremonie dauerte zwei Tage; Bad; Morgenmesse; Treue zum König/Lehensherrn;
4. spinnen, sticken, weben, reiten, singen, Dichtung, eventuell lesen und schreiben

4. spinnen, sticken, weben, reiten, singen, Dichtung, eventuell lesen und schreiben

Scharf wie ein Messer (S. 20/21)

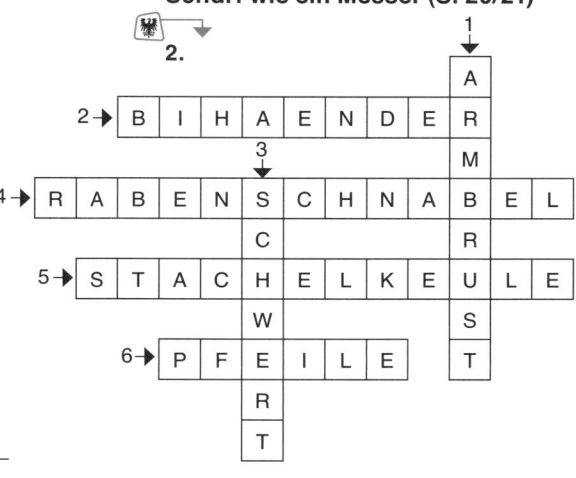

2.

Kreuzworträtsel:
2. BIHAENDER
4. RABENSCHNABEL
5. STACHELKEULE
6. PFEILE

Senkrecht: 1. ARMBRUST; 3. SCHWERT

3. Dolch
4. Einhänder
(Seite 14, Spalte 2, Zeile 11, Fließtext)
5. mit einem Schild
(Seite 15, Spalte 3, Zeile 2, Fließtext)

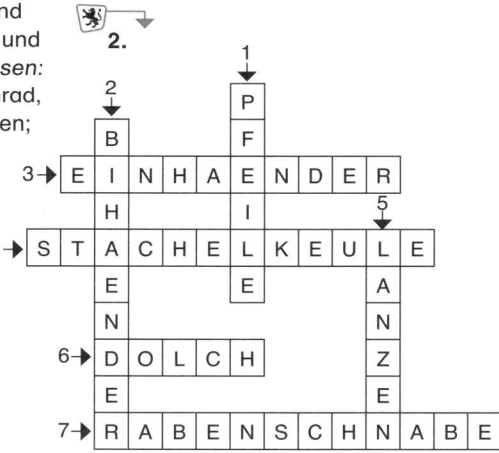

2.

Kreuzworträtsel:
3. EINHAENDER
4. STACHELKEULE
6. DOLCH
7. RABENSCHNABEL

Senkrecht: 1. PFEIL; 2. BIHAENDER; 5. LANZE

3. a) Lanze
b) knapp 3 Meter lang, spitze Klinge an der Spitze
c) zu Pferd besonders grausam, konnten Kettenhemd durchstoßen

Lösungen 2/2

Tausende Schlingen (S. 22)

2. *zusammen gehören:* Nasalhelm – Bild in der Mitte – 1000 nach Christus; Topfhelm – 1200 – Bild rechts oben; 1500 – Bild links – Sturmhaube; 1400 – Hundskugel – Bild rechts unten
3. Brustpanzer, Harnisch (Seite 16, Spalte 2, Zeile 1 + 2), Gambeson (Seite 16, Spalte 3, Zeile 1), Plattner (Seite 17, Spalte 2, Zeile 12)

35 Kilo volle Ritterrüstung (S. 25)

2. *unterstrichen und nummeriert werden:* Unterkleid (2), Filzmütze (3), Beinschienen (4), Helm (5)
3. *folgende Schritte fehlen:* Kettenschürze und Halsberge anlegen; Armschienen, Brust- und Rückenpanzer befestigen, Kettenhaube aufsetzen; Schulterstücke, Schwebescheibe und Handschuhe anlegen

Ein Hauen und Stechen! (S. 32/33)

5. Tjost (Seite 26, Spalte 2, Zeile 11, Fließtext)
3. *unterstreichen:* Eines Tages erschien der Gral den Rittern als strahlende Vision am Tisch der Tafelrunde.

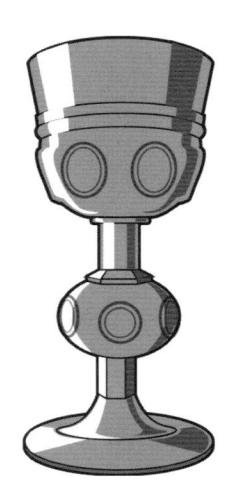

Auf in die Schlacht! (S. 34)

2. Bogen- und Armbrustschützen, Bauern, Knappen, Handwerker, Köche, Händler (Seite 28, Spalte 2/3, Zeile 11–13 und 1–8, Fließtext)
3. frei von Bäumen und Büschen (Seite 28/29, Spalte 3/1, Zeile 14/1, Fließtext)
4. 1 – Tross, 2 – Schlachtfeld, 3 – Gottesdienst, 4 – Führer, 5 – Pfeilhagel, 6 – Ritt, 7 – gespitzte Pfähle, 8 – Lösegeld

Grausame Ritter auf Kreuzzug (S. 37)

4. a) Deutschland, Österreich, Slowakei, Ungarn, Serbien, Bulgarien, Türkei, Syrien, Libanon, Israel
   b) Alpen, Appeninnen, Dinarische Alpen, Taurus
   c) Mittelmeer

Im Schutz von Zinnen und Türmen (S. 38)

2. 1 – Wehrgang,
   2 – Palas,
   3 – Kapelle,
   4 – Bergfried,
   5 – Brunnen,
   6 – Innerer Burghof,
   7 – Burggraben,
   8 – Burgtor

Angriff und Verteidigung (S. 42/43)

3. *Lösungen:* Riesenarmbrust, Fürsten, Tücher, Blide, Mauern; *Lösungswort:* Ritter
4. *Lösungen:* Pfeilern, Sturmleitern, Wandeltürme, Ochsen, Mauern; *Lösungswort:* Ritter

Minnesang und Tanzvergnügen (S. 46/47)

2. Harfe (Seite 41, Spalte 2, Zeile 6, Fließtext)
3. Jagd mit Hunden und Falken; Heldengeschichten; Musik; Tanz; Spiele mit Würfeln, Murmeln oder Figuren; Ringkämpfe; eine Art Hockey
5. Liebesgedicht
4. Liebesgedicht

Das Ende der Ritterzeit! (S. 48)

2. um etwa 1300: Die erste Feuerwaffe kam nach Europa, das „Handrohr";
   1349: Die Pest wütete in Europa;
   ab etwa 1350: Die Welt der Ritter veränderte sich – schwere Zeiten für die Ritter;
   1435: Truppen des osmanischen Reiches erobern Konstantinopel;
   1506: Die Schweizergarde wird gegründet. Sie schützt den Papst.
3. *richtig sind:* Etwa 25 Millionen Menschen starben an der Pest. Viele Bauern gingen in die Städte, sodass die Ritter keine Leute mehr hatten, die ihre Felder bestellten. Manche Ritter wurden Großbauern, andere gingen in die Stadt. Landsknechte waren Soldaten ohne Adel. Sie waren besser bewaffnet als die Ritter und kannten keine ritterlichen Regeln. Deshalb hatten die Ritter gegen sie keine Chance.

Ausflug ins Mittelalter! (S. 50)

2. *von oben nach unten:* Wartburg, Ronneburg, Marksburg, Burghausen

Literatur- und Internettipps

Weiter im Sachunterricht

Brandenburg, Birgit:
So war es im Mittelalter. Eine Werkstatt.
Klasse 3–4. Verlag an der Ruhr, 2004.
ISBN 978-3-86072-843-7

Carlson, Laurie:
Wir spielen Mittelalter. Ein Mappe zum Basteln, Malen, Kochen, Spielen, Lernen.
Kl. 2–6. Verlag an der Ruhr, 1998.
ISBN 978-3-86072-380-7

Kindermedien zum Thema

Boie, Kirsten; Scholz, Barbara (Illustr.):
Der kleine Ritter Trenk.
Ab 6 J. Oetinger, 2006.
ISBN 978-3-7891-3163-9

Firth, Rachel:
Ritter und Burgen. Das Leben im Mittelalter.
Ab 8 J. Ravensburger Buchverlag, 2004.
ISBN 978-3-473-35915-8

Grabe, Astrid; Mucha, Andrea:
Das Lese-Aktionsspiel. Ritterspektakel. 50 Karten.
7–9 J. Verlag an der Ruhr, 2007.
ISBN 978-3-8346-0184-1

Mai, Manfred:
Frag doch mal ... die Maus: Ritter und Burgen.
Ab 5 J., cbj, 2006.
ISBN 978-3-570-13145-9

Osborne, Mary Pope; Osborne, Will:
Das magische Baumhaus. Forscherhandbuch Ritter.
Ab 8 J. Loewe Verlag, 2006.
ISBN 978-3-7855-4508-9

Platt, Richard; Riddell, Chris:
Mein Leben auf der Ritterburg. Die Abenteuer des Pagen Tobias von ihm selbst erzählt.
Ab 9 J. Carlsen, 2005.
ISBN 978-3-551-35469-3

Platt, Richard:
Ritter. Eine Entdeckungsreise in die Welt der Ritter und Burgen.
Ab 9 J. ars edition, 2004.
ISBN 978-3-7607-4789-7

Saan, Anita von:
Willi wills wissen. Quiz dich schlau. Ritter.
Ab 8 J. Kosmos, 2006.
ISBN 978-3-440-10661-7

Steele, Philip:
Das große Buch der Burgen. Ritter, Belagerungen, Turniere, Wappen, Feste.
Ab 10 J. Tessloff, 1995.
ISBN 978-3-7886-0517-9

Steele, Philip:
Das große Buch der Ritter. Rüstung, Ritterturniere, Pferde, Schlachten.
Ab 8 J. Tessloff, 1999.
ISBN 978-3-7886-0497-4

Tarnowski, Wolfgang:
Was ist was? Ritter. Bd. 88.
Ab 8 J. Tessloff, 2005.
ISBN 978-3-7886-0630-5

Mehr von Willi

Weitere Bücher aus der Reihe „Willi wills wissen":

Wie kommt der Strom in die Steckdose?
ISBN 978-3-8339-2717-1

Alle Flieger fliegen hoch!
ISBN 978-3-8339-2711-9

So bleiben meine Zähne gesund!
ISBN 978-3-8339-2707-2

So spannend ist die Welt im Weltraum.
ISBN 978-3-8339-2719-5

Warum richtige Ernährung nicht fett macht!
ISBN 978-3-8339-2715-7

Was läuft rund ums Rad?
ISBN 978-3-8339-2700-3

Wer macht das Auto mobil?
ISBN 978-3-8339-2706-5

Wie kommt das Wasser in den Hahn?
ISBN 978-3-8339-2718-8

Wie unsere Augen sehen.
ISBN 978-3-8339-2720-1

Wie wird man Astronaut?
ISBN 978-3-8339-2702-7

Internet*

www.wasistwas.de/geschichte/eure-fragen/ritter
Ausführliche Infos zu Kinderfragen, eher für ältere Kinder.

---

* Die in diesem Werk angegebenen Internetadressen haben wir geprüft (Stand März 2009). Da sich Internetadressen und deren Inhalte schnell verändern können, ist nicht auszuschließen, dass unter einer Adresse inzwischen ein ganz anderer Inhalt angeboten wird. Wir können daher für die angegebenen Internetseiten keine Verantwortung übernehmen.

Verlag an der Ruhr

Postfach 10 22 51
45422 Mülheim an der Ruhr

Alexanderstraße 54
45472 Mülheim an der Ruhr

Telefon 02 08/49 50 40
Fax 02 08/495 0 495

bestellung@verlagruhr.de
www.verlagruhr.de

Es gelten die Preise auf unserer Internetseite.

Sachbuch-Kartei
■ **Willi wills wissen: Warum richtige Ernährung nicht fett macht!**
Kim Armutat
Kl. 3–4, 66 S., A4, Paperback
ISBN 978-3-8346-0488-0
Best.-Nr. 60488
19,– € (D)/19,50 € (A)/33,30 CHF

Sachbuch-Kartei
■ **Willi wills wissen: Wie kommt der Strom in die Steckdose?**
Jan Boesten
Kl. 3–4, 66 S., A4, Paperback
ISBN 978-3-8346-0487-3
Best.-Nr. 60487
19,– € (D)/19,50 € (A)/33,30 CHF

■ **Von Schulanfang bis Abschiedsfeier**
Schöne Theaterstücke mit wenig Aufwand
Astrid Grabe, Andrea Mucha
Kl. 1–4, 63 S., A4, Papphefter
ISBN 978-3-8346-0248-0
Best.-Nr. 60248
19,50 € (D)/20,– € (A)/34,20 CHF

Methoden-Schule Deutsch
■ **Arbeitstechniken fürs Textverständnis**
Astrid Grabe
Kl. 3–4, 60 S., A4, Papphefter
ISBN 978-3-86072-909-0
Best.-Nr. 2909
19,– € (D)/19,50 € (A)/33,30 CHF

■ **So präsentiere ich meine Arbeitsergebnisse**
Stephanie Cech-Wenning
Kl. 3–5, 76 S., A4, Papphefter
ISBN 978-3-8346-0013-4
Best.-Nr. 60013
19,50 € (D)/20,– € (A)/34,20 CHF

■ **Piraten und Seefahrer**
Sachinfos, Geschichten, Lieder, Spiel- und Bastelideen
Winfried Kneip, Sabine Prüfer
5–10 J., 132 S., A4, Paperback
ISBN 978-3-8346-0430-9
Best.-Nr. 60430
19,80 € (D)/20,35 € (A)/34,70 CHF

■ **So war es bei den Römern**
Eine Werkstatt
Birgit Brandenburg
Kl. 3–4, 74 S., A4, Papphefter
ISBN 978-3-8346-0014-1
Best.-Nr. 60014
19,50 € (D)/20,– € (A)/34,20 CHF

■ **So war es im Mittelalter**
Eine Werkstatt
Birgit Brandenburg
Kl. 3–4, 71 S., A4, Papphefter
ISBN 978-3-86072-843-7
Best.-Nr. 2843
19,50 € (D)/20,– € (A)/34,20 CHF

Lesen • Erfahren • Entdecken